La gym
du cerveau (2)

Éditions d'Organisation
1, rue Thénard
75240 Paris Cedex 05
www.editions-organisation.com

DANS LA COLLECTION QI, DES MÊMES AUTEURS

– La gym du cerveau (1)

Traduit de :   *Maximize Your Brainpower*
1000 Ways to boost your mental fitness
de Philip CARTER et Ken RUSSELL.

Copyright © 2002 by Philip CARTER et Ken RUSSELL.

All Rights Reserved. Authorized translation from the English language edition published by John WILEY & Sons, Ltd.

Le code de la propriété intellectuelle du 1er juillet 1992 interdit en effet expressément la photocopie à usage collectif sans autorisation des ayants droit. Or, cette pratique s'est généralisée notamment dans l'enseignement, provoquant une baisse brutale des achats de livres, au point que la possibilité même pour les auteurs de créer des œuvres nouvelles et de les faire éditer correctement est aujourd'hui menacée.

En application de la loi du 11 mars 1957, il est interdit de reproduire intégralement ou partiellement le présent ouvrage, sur quelque support que ce soit, sans autorisation de l'Éditeur ou du Centre Français d'Exploitation du Droit de copie, 20, rue des Grands-Augustins, 75006 Paris.

© Éditions d'Organisation, 2003
ISBN : 2-7081-2937-6

Philip CARTER & Ken RUSSELL

La gym du cerveau (2)

Traduit de l'anglais et adapté par
Jean-Louis KLISNICK

Éditions
d'Organisation

Sommaire

Sommaire

Introduction

« Il n'existe pas d'être humain capable de faire plus que ce qu'il croit pouvoir faire. »
Henry Ford

« Chaque production de génie doit être une production d'enthousiasme. »
Benjamin Disraeli

En dépit de l'énorme capacité du cerveau humain, nous n'utilisons en moyenne que 2 % de son potentiel. Ceci représente la quantité d'informations qui nous sont disponibles consciemment, le reste demeurant verrouillé dans notre subconscient. Chacun de nous a, par conséquent, la possibilité d'augmenter considérablement la puissance de son cerveau.

Le but de ce livre est de montrer que, en pratiquant régulièrement différentes sortes d'exercices et de tests, chacun de nous peut accroître cette puissance et ses performances dans divers types d'activité cérébrale. Tout comme les gymnastes savent améliorer leurs performances – et accroître leurs chances de succès – à tous les niveaux de la compétition, en suivant des programmes d'entraînement intensif et en affinant leur technique, le lecteur trouvera dans ce livre une série d'exercices mentaux dans les domaines de la créativité, de la résolution de problème, de la mémoire, de la logique et de la rapidité d'esprit.

La plupart d'entre nous considérons notre cerveau comme un acquis et croyons qu'il n'y a pas grand-chose à faire pour améliorer cet organe avec lequel nous sommes nés. En outre, parce que nous en savons trop peu sur le cerveau humain, il existe un facteur « peur » – la peur de l'inconnu auquel nous n'aimons pas penser, dont nous aimons encore moins parler. Pourtant, le cerveau est l'organe le plus vital du corps humain, et notre richesse la plus précieuse. Il donne naissance à nos perceptions et à nos souvenirs, il façonne notre parole, nos gestes, nos pensées et nos sentiments, bien que ce soit la partie de notre corps que nous négligions le plus.

Ces dernières décennies, nous avons pris une plus grande conscience de l'importance du cerveau humain, de son fonctionnement et de ses relations avec notre corps. Et, de fait, nous en avons appris plus sur le cerveau ces dix dernières années, que pendant tous les siècles qui nous ont précédés.

Plus que jamais, nous prenons conscience que nous avons tous les moyens de mieux utiliser notre cerveau par l'exploration de nouvelles voies, de nouvelles expériences, de nouvelles aventures d'apprentissage. Notre espoir est que ce livre, qui se veut une suite de notre précédent ouvrage *La gym du cerveau (1)*, permettra à sa façon de développer le potentiel cérébral, d'accroître la confiance en soi et de libérer la créativité inexploitée de beaucoup de nos lecteurs.

Le cerveau

L'étude d'autres animaux donne à penser qu'il existe une relation entre les dimensions du cerveau et le niveau d'intelligence. Le dauphin, par exemple, qui possède un cerveau particulièrement gros, est considéré comme l'une des créatures les plus intelligentes de la planète. Le cerveau de l'homme a commencé à se développer il y a quelque 100 000 ans. À la différence de celui des autres animaux, toutefois, il n'y a pas de relation entre son volume et le niveau d'intelligence de son possesseur. Ici, « plus gros » ne veut pas nécessairement dire meilleur. Les scientifiques pensent même que « plus gros » serait synonyme de « moins bon », parce que de plus grandes dimensions pourraient ralentir la communication entre les cellules nerveuses cérébrales.

Chez les vertébrés, le cerveau est la partie du système nerveux central contenue dans le crâne. Souvent désigné sous le nom de matière grise, il est, chez les humains, constitué d'une masse tissulaire gris-rose et pèse en moyenne 1,3 kilogramme.

Le cerveau est le centre de contrôle de pratiquement toutes les activités nécessaires à notre survie : le mouvement, le sommeil, la faim, la soif, etc. Il contrôle en outre toutes les émotions humaines, que ce soit l'amour, la haine, la colère, la joie ou la tristesse. C'est aussi lui qui reçoit et traite les signaux que lui envoient toutes les parties du corps ou qui lui parviennent de sources extérieures.

Introduction

L'encéphale est constitué de trois parties distinctes mais interconnectées : le cerveau proprement dit, le cervelet et le tronc cérébral. La partie la plus importante, le cerveau, représente environ 85 % du poids total. À sa surface se situe le cortex, et une scissure le divise en deux hémisphères identiques, droit et gauche. Il est le siège de différentes fonctions dont le langage, l'odorat, l'ouïe, la vision, le comportement et la mémoire.

Le cervelet est logé à l'arrière du crâne. Il est constitué de deux hémisphères connectés par des fibres blanches appelées vermis. Il est essentiel au contrôle des mouvements et agit comme un centre de réflexes pour la coordination et le maintien de l'équilibre.

Le tronc cérébral est constitué de toutes les structures reliant le cerveau et la moelle épinière. Il comporte plusieurs éléments qui régulent (ou sont impliqués dans) un certain nombre d'activités nécessaires à la survie, notamment l'alimentation (boire et manger), la régulation de la température, le sommeil, le comportement émotionnel, l'activité sexuelle et cardiaque, ainsi que les fonctions respiratoires.

L'oxygène et le glucose sont apportés au cerveau par deux ensembles d'artères crâniennes connus sous le nom de système vasculaire. 25 % du sang pompé par le cœur est envoyé dans les tissus du cerveau *via* un important réseau d'artères cérébrales et cérébelleuses.

Dans le cerveau, la communication prend la forme d'impulsions électriques qui parcourent les chemins reliant les différents secteurs. Les connexions sont assurées par un ensemble de dendrites, sorte d'expansions filaires des neurones (cellules spécialisées du système nerveux). Outre les dendrites, les neurones comportent des expansions appelées axones. Les dendrites apportent les informations à la cellule, les axones emportent les informations issues de la cellule.

Les neurones sont des cellules qui utilisent des réactions biochimiques pour recevoir, traiter et transmettre des informations ou des messages grâce à un processus électrochimique.

Dans chaque neurone, les branches d'une dendrite (l'arbre dendritique) sont reliées à un millier de neurones voisins, dont elles reçoivent la charge positive ou négative qu'ils ont libérée. Les forces de toutes ces charges sont additionnées et le résultat est transmis au corps cellulaire ou soma. La fonction première de ce corps cellulaire et de son noyau n'est pas le traitement des informations entrantes et sortantes mais la maintenance permanente nécessaire pour que le neurone demeure fonctionnel.

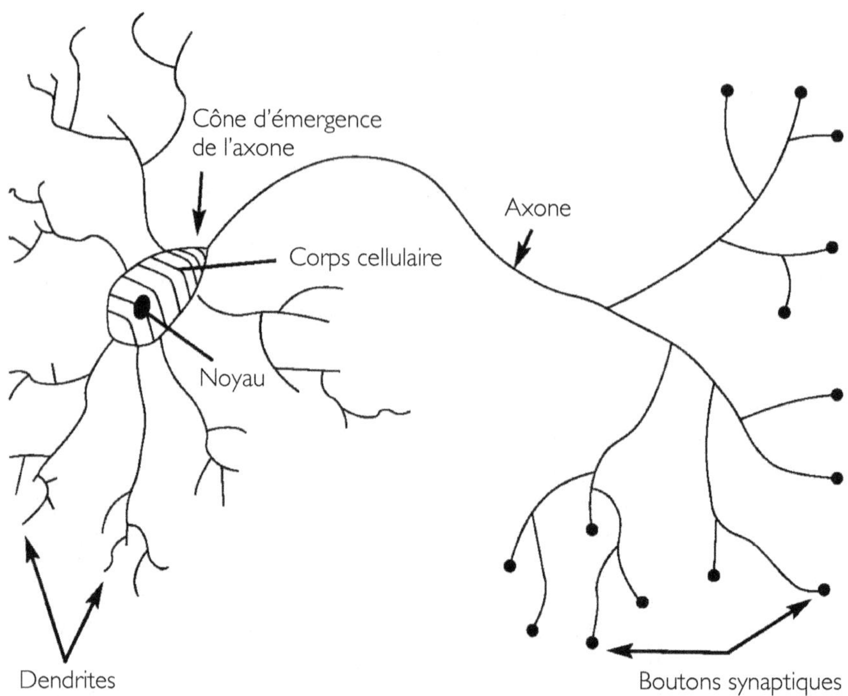

Composition d'un neurone

C'est le cône d'émergence de l'axone qui constitue la partie du corps cellulaire concernée par le signal. Si la somme des charges est supérieure au seuil du cône d'émergence, alors le neurone réagit et un signal de sortie est transmis *via* l'axone.

Les neurones sont les cellules les plus vieilles et les plus longues de notre corps, et, pour nombre d'entre eux, nous les avons pour la vie entière. Alors que d'autres cellules meurent et sont remplacées, beaucoup de neurones ne sont jamais remplacés lorsqu'ils meurent. Par suite, nous possédons de moins en moins de neurones à mesure que nous vieillissons. Cependant, des données publiées vers la fin des années 90 montrent que, dans une zone au moins, celle de l'hippocampe, de nouveaux neurones peuvent se développer chez des adultes humains.

Plus il existe de connexions entre les 100 milliards de neurones du cerveau, plus ceux-ci travaillent efficacement. Ces connexions peuvent résulter de deux causes : des schémas de croissance hérités, et la réaction à des stimulus internes et externes.

Introduction

Une grande activité cérébrale, comme en entretient un cerveau vif et en bonne santé, peut stimuler la croissance de nouvelles dendrites, développant ainsi de nouvelles connexions entre les neurones et améliorant le fonctionnement global du cerveau.

Outre les 100 milliards de neurones, il y a dans le cerveau des cellules gliales, 10 à 50 fois plus nombreuses. En réalité, ces petites cellules représentent près de la moitié du poids du cerveau dont elles sont parfois considérées comme les « ménagères ».

Naguère encore, on considérait la névroglie comme un simple support du réseau neural du cerveau. Aujourd'hui, néanmoins, les scientifiques s'aperçoivent que les cellules gliales jouent dans la communication cérébrale un rôle beaucoup plus grand qu'on ne le croyait. Bien que les cellules gliales ne transmettent pas d'impulsions nerveuses, elles assurent beaucoup de fonctions importantes sans lesquelles les neurones ne pourraient opérer correctement. Elles fournissent en particulier un soutien matériel et nutritionnel aux neurones : élimination des déchets, apport de nutriments, maintien des neurones en place, digestion de morceaux de neurones morts, isolation dans le système nerveux central et le système périphérique. Elles apportent aussi un soutien matériel aux neurones dans le système nerveux périphérique.

Bien que la recherche sur les cellules gliales n'en soit qu'à ses premiers pas, les neurobiologistes ont montré que, d'elles-mêmes, des populations pures de cellules nerveuses ou de cellules gliales se relient médiocrement, mais que la combinaison des deux permet des connexions fortes entre les cellules nerveuses. Dans le cerveau, de telles connexions permettent aux cellules nerveuses de transmettre des messages sur des activités telles que la pensée, la mémoire et le mouvement, et leur affaiblissement pourrait être la cause de pertes de mémoire, de symptômes d'attaque cérébrale et de la maladie d'Alzheimer.

Le cerveau humain est un sujet infiniment complexe et ces complexités sont, et continuent d'être, le thème de nombreux débats. À mesure que progressent les moyens technologiques et que se développe notre connaissance de ses fonctions, de plus en plus de questions trouveront leurs réponses, et des traitements apparaîtront un jour contre des maladies comme les attaques et désordres du cerveau, la maladie de Parkinson et la paralysie cérébrale.

La créativité

Sorti du crâne, le cerveau montre deux hémisphères presque identiques. Ces hémisphères sont reliés par un pont, le corps calleux, constitué de millions de fibres nerveuses qui assurent la communication entre eux. Ainsi, le cerveau humain se présente en trois parties : l'hémisphère gauche, l'hémisphère droit et, entre les deux, cette très importante interface.

Pour fonctionner pleinement, chaque hémisphère doit être en mesure d'analyser ses propres informations et de ne les échanger avec l'autre moitié, *via* l'interface, qu'après une somme considérable de traitements.

Les deux hémisphères étant capables de travailler de manière indépendante, l'être humain a le moyen de traiter simultanément deux flux d'informations. Le cerveau compare ensuite et intègre les informations pour obtenir une compréhension à la fois plus vaste et plus profonde des concepts analysés.

Au début des années 1960, le psychologue américain Roger Sperry a démontré – à partir d'une série d'expériences conduites d'abord sur des animaux dont le corps calleux avait subi des dommages, puis sur des humains dont le corps calleux avait souffert lors de tentatives pour soigner l'épilepsie – que chacun des deux hémisphères développe des fonctions spécialisées et a ses propres sensations, perceptions, idées et pensées, bien distinctes de celles de l'hémisphère opposé. En continuant l'expérimentation, ce chercheur et son équipe ont pu en apprendre beaucoup plus sur la manière dont les deux hémisphères se spécialisent pour accomplir certaines tâches. Roger Sperry a reçu en 1981 le prix Nobel de médecine pour ses travaux dans le domaine.

Chez la plupart des individus, le côté gauche du cerveau est analytique et fonctionne sur un mode séquentiel et logique. C'est celui qui contrôle le langage, les études et la rationalité. Le côté droit, lui, est créatif et intuitif. Il est le lieu où, par exemple, naissent les idées artistiques et musicales.

C'est ici que l'interface entre les deux moitiés prend toute son importance. Pour que l'hémisphère droit puisse travailler, il lui faut de la matière première, autrement dit des informations qui ont été collectées, collationnées et traitées par l'hémisphère gauche.

Le réel danger est la surcharge de l'hémisphère gauche par une trop grande quantité de données intervenant trop rapidement, au point que le côté créatif du cerveau n'est bientôt plus en mesure de fonctionner à son potentiel plein. Inversement, un manque de données dans l'hémisphère gauche peut entraîner un tarissement de la partie créative, c'est-à-dire de l'hémisphère droit. Il est par conséquent préférable de trouver un juste équilibre dans la sollicitation des hémisphères droit et gauche, afin que le cerveau puisse vraiment donner son maximum.

Le terme « créativité » renvoie à des processus mentaux qui conduisent à des solutions, idées, concepts, formes artistiques, théories ou produits tout à la fois uniques et nouveaux. Parce qu'elle peut se manifester sur des sujets extrêmement divers et de manières très différentes, et parce que chez beaucoup de personnes elle demeure pour une grande part inexplorée, il est très difficile, voire impossible, de mesurer la créativité.

Les mathématiciens français Henri Poincaré et Jacques Hadamard ont défini quatre étapes dans la créativité :

1 - La préparation. On tente de résoudre un problème par des moyens normaux.

2 - L'incubation. Le sentiment de frustration que provoque l'échec de cette première méthode conduit à rechercher dans d'autres directions.

3 - L'illumination. La réponse arrive soudain, comme un éclair venu du subconscient.

4 - La vérification. Les capacités de raisonnement reprennent le contrôle pour analyser la réponse que l'on a trouvée et pour en mesurer la faisabilité.

L'hémisphère droit du cerveau, celui qui contrôle les fonctions créatives, est sous-utilisé chez la majorité des individus. De ce fait, une grande part de leur créativité reste inexploitée tout au long de leur vie. Tant que l'on n'a pas essayé, on ne sait en général pas ce que l'on peut réaliser. En Europe, par exemple, une personne sur trois aurait le désir d'écrire un roman, pourtant le pourcentage de celles qui se décident à dépasser le stade initial de la pensée demeure très faible.

Chacun de nous a un potentiel de créativité. Mais, du fait des pressions du monde moderne et de ses besoins de spécialisation, nombreux sont les individus qui n'ont ni le temps ni l'opportunité, ni même les encouragements nécessaires pour explorer leurs talents cachés. Nous aurions pourtant, généralement, une matière suffisante pour exploiter ce potentiel, dans les informations qui ont été réunies, collationnées et traitées par notre cerveau au fil des ans.

Les écrivains, et avec eux tous les artistes, doivent par conséquent se servir des deux moitiés de leur cerveau : le côté droit pour créer des choses, et le côté gauche pour les organiser. L'hémisphère droit, créatif et intuitif, est capable d'affronter la complexité et c'est là que naissent les idées. L'hémisphère gauche contrôle le langage, les études et le travail intellectuel rationnel. Le problème, en particulier avec la forte prédominance de l'hémisphère gauche chez la plupart des personnes, consiste à faire passer les informations d'une moitié à l'autre et réciproquement, à les faire travailler ensemble.

Pour concrétiser une tâche créative, il est nécessaire d'encourager le côté droit à produire ses flux, en d'autres termes à déplacer, même temporairement, les processus mentaux depuis le côté dominant gauche vers l'hémisphère créatif droit. En théorie, cela peut paraître facile, mais ce l'est beaucoup moins dans la pratique.

Qu'il s'agisse de travailler ou de se faire plaisir, la majorité d'entre nous ne savons pas ce que nous pouvons réaliser tant que ne l'avons pas essayé. Ce n'est qu'ensuite que nous savons d'instinct si une chose nous sera agréable ou si nous en avons le talent ou le don. Alors, si les signes sont positifs, nous persévérons. En multipliant les nouvelles activités de loisirs et en recherchant de nouveaux passe-temps, il est possible à chacun de nous d'exploiter le potentiel et les régions le plus souvent sous-utilisées de notre cerveau.

Les exercices qui suivent, bien que de natures différentes, ont été conçus pour améliorer ou vous faire reconnaître vos propres capacités de productivité intellectuelle, de génération d'idées et d'habileté artistique.

Tests de créativité

Matrices progressives (les solutions sont en page 145)

Ces dix questions ont été conçues pour éprouver et exercer vos possibilités d'évaluation des schémas de création, vos capacités de latéralisation de la pensée et d'exploration ouverte des divers chemins susceptibles de conduire à une solution correcte.

Dans les tests d'intelligence, une matrice est un ensemble de cases. L'une des cases est restée vide et, pour la remplacer, vous devez choisir dans un certain nombres d'options. Il vous faut donc bien étudier la matrice et déterminer le schéma de déplacement ou de transformation à l'œuvre, en vous intéressant à chaque ligne et à chaque colonne, ou bien à la grille comme un tout, ou encore aux relations entre les différentes cases de la grille.

Les dix questions de ce test sont de difficulté croissante, d'abord avec des grilles de 2 × 2, puis de 3 × 3 et enfin de 4 × 4. Il réclame beaucoup de réflexion créative dans l'hémisphère droit et vous devez attacher votre attention à chaque jeu de formes pour déterminer quels en sont les schémas et séquences suivis.

Vous disposez de 45 minutes pour répondre aux dix questions.

 **(i)**

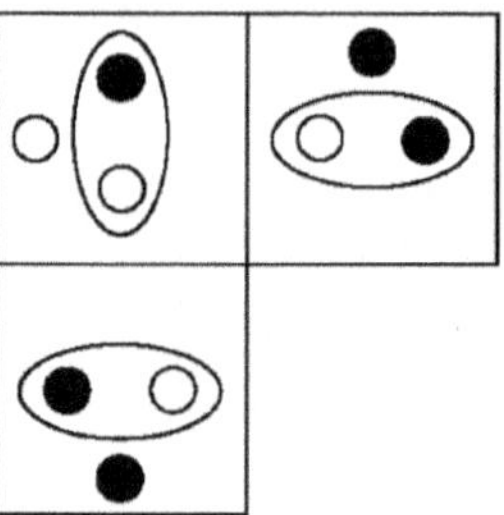

Quelle est la case manquante ?

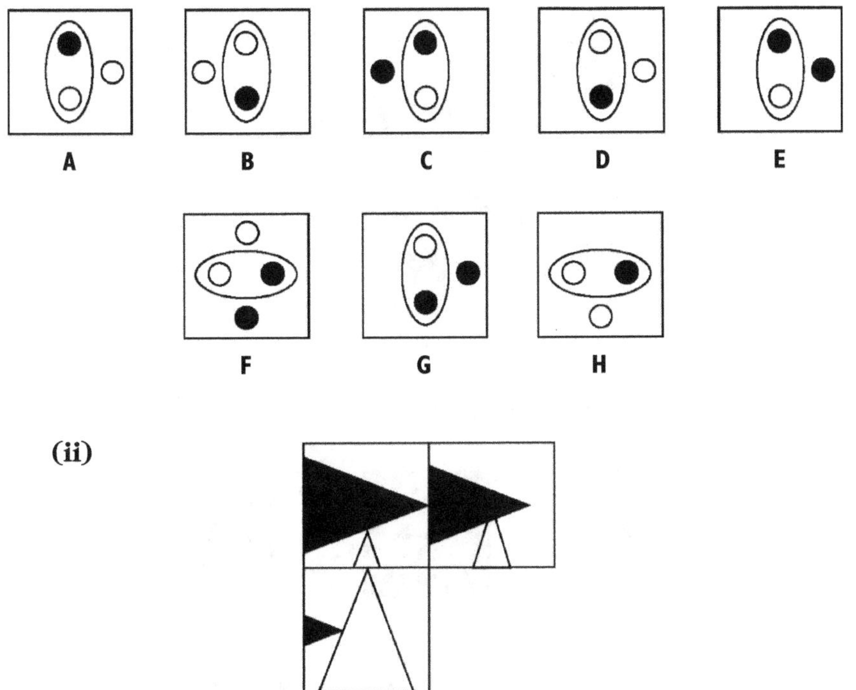

(ii)

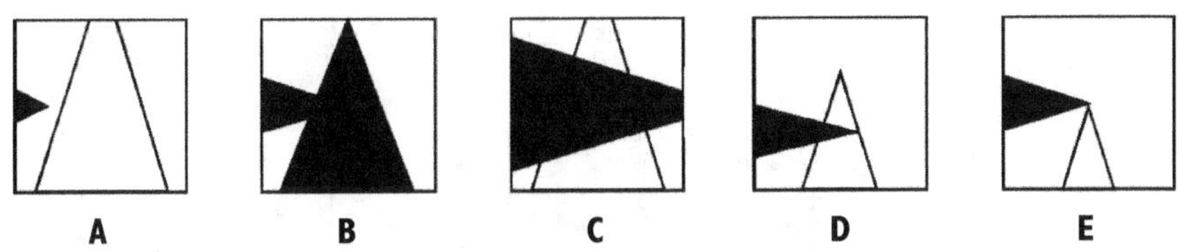

Quelle est la case manquante ?

(iii)

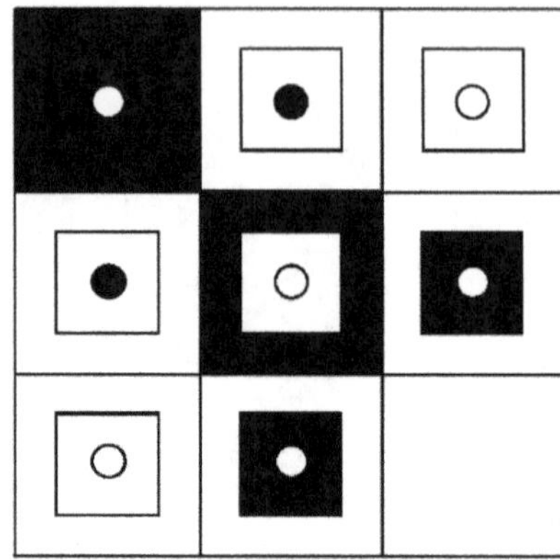

Quelle est la case manquante ?

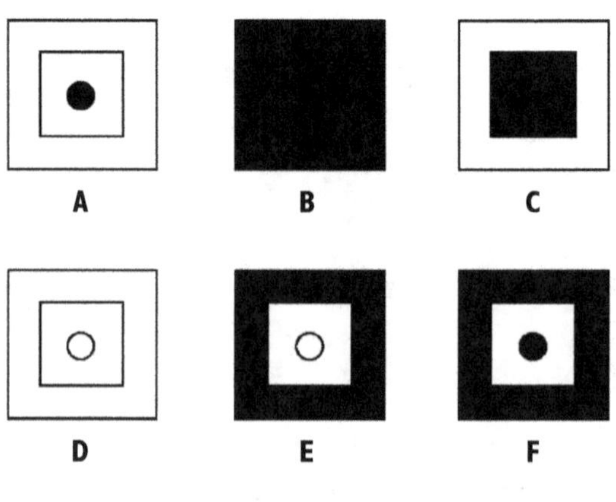

(iv)

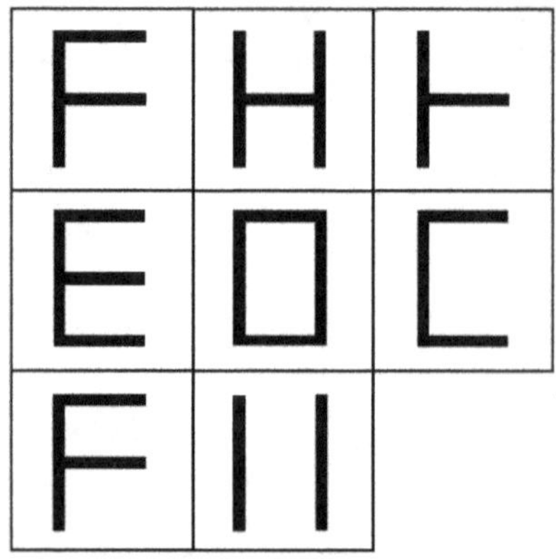

Quelle est la case manquante ?

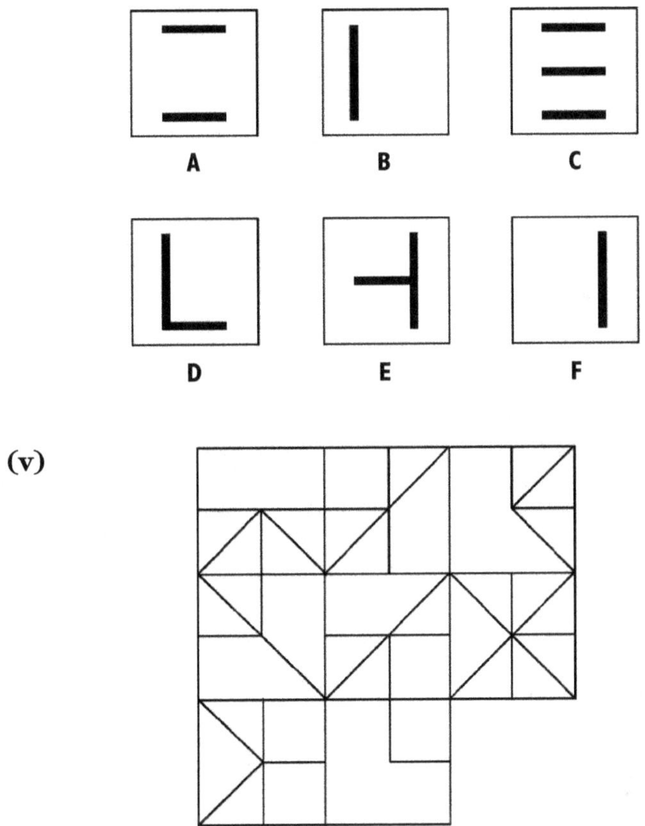

(v)

Quelle est la case manquante ?

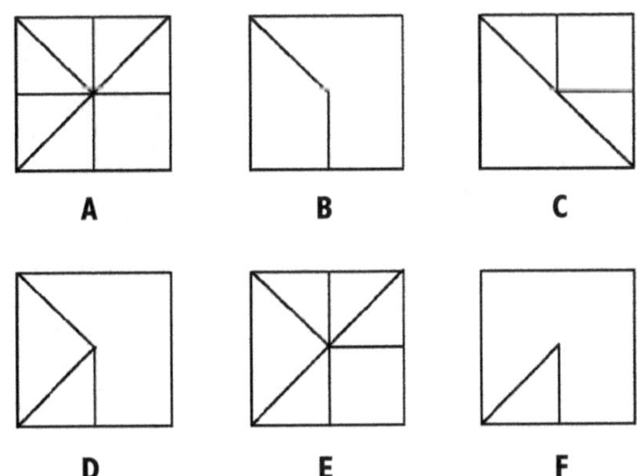

(vi)

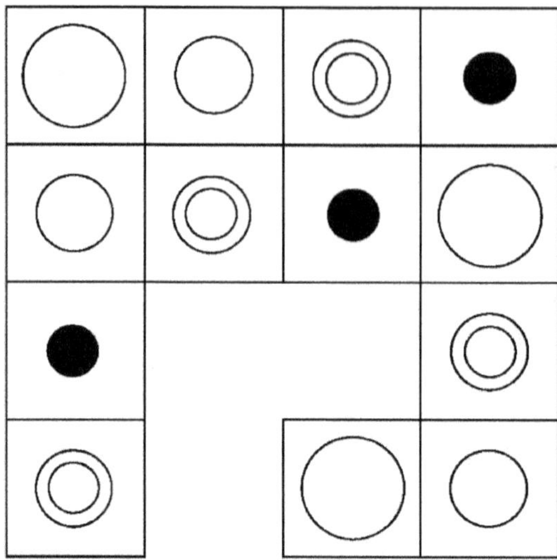

Quel est le groupe de cases manquant ?

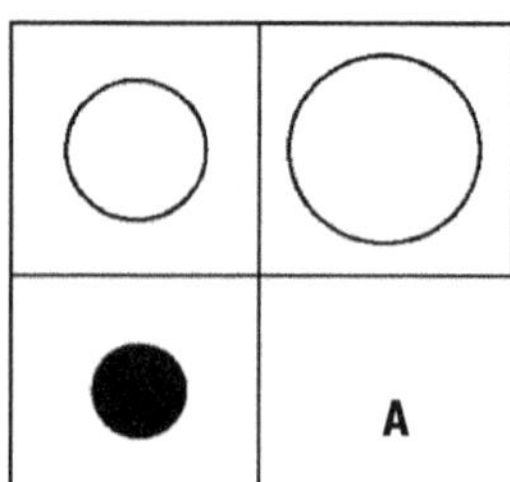

A

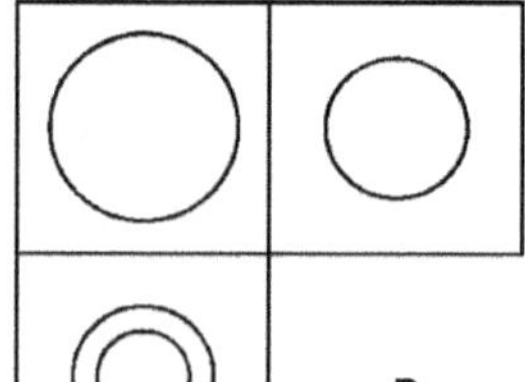

B

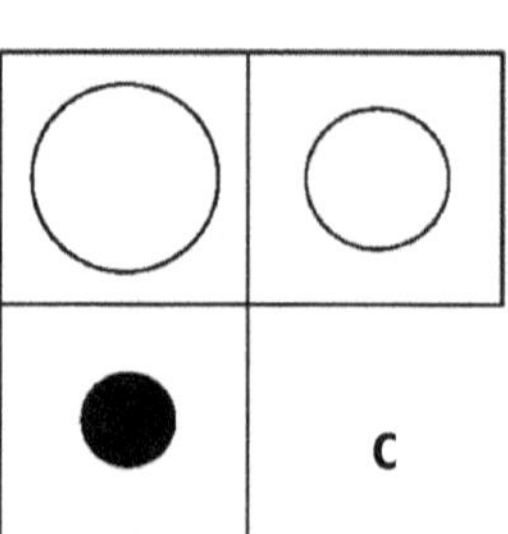

C

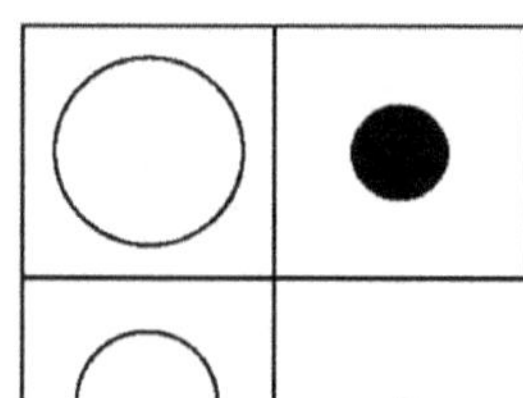

D

(vii)

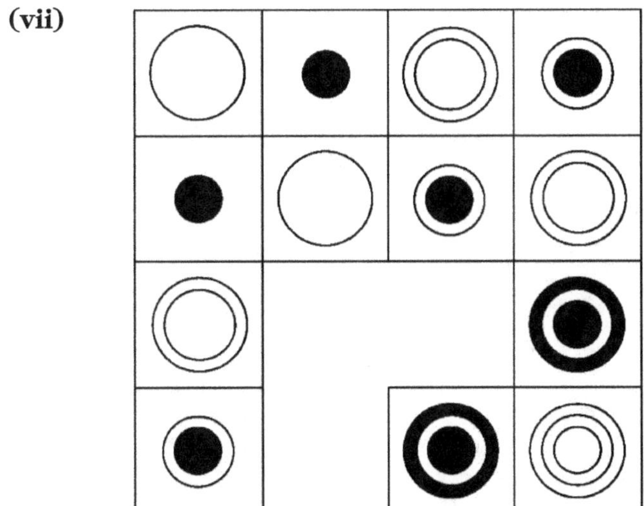

Quel est le groupe de cases manquant ?

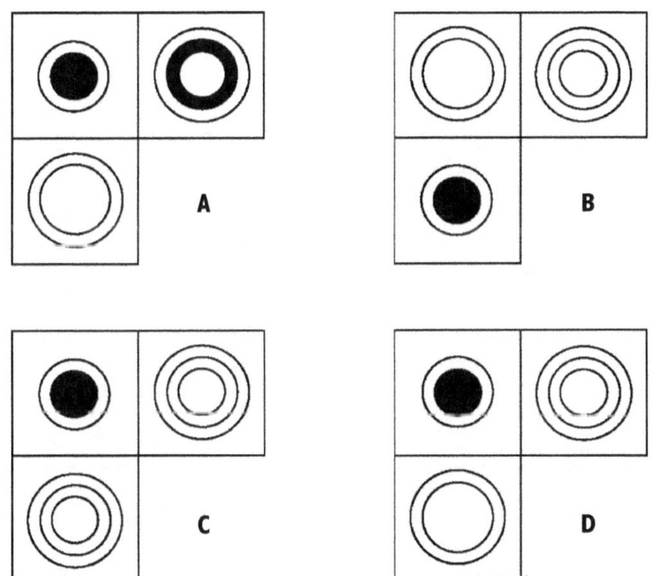

(viii)

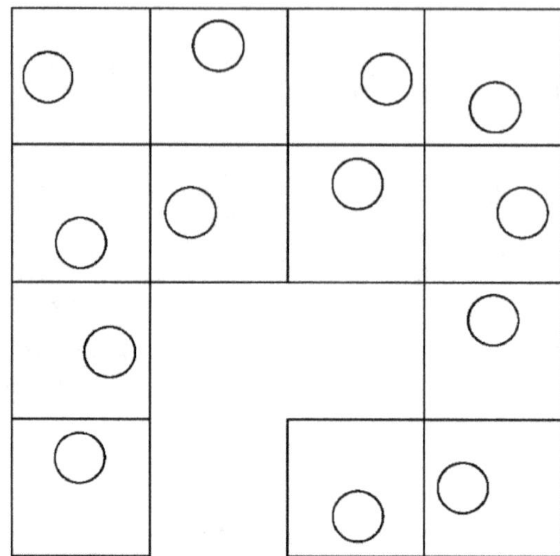

Quel est le groupe de cases manquant ?

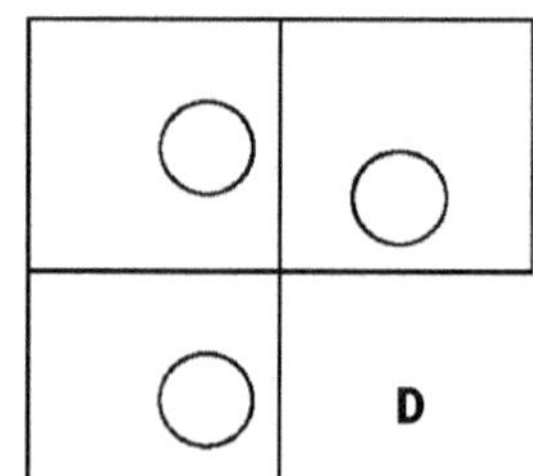

(ix)

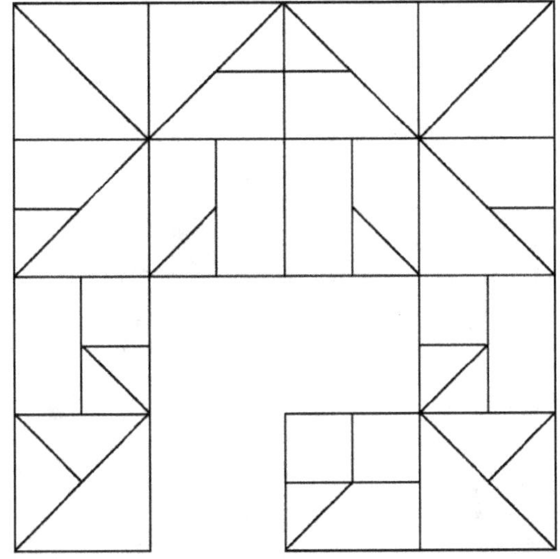

Quel est le groupe de cases manquant ?

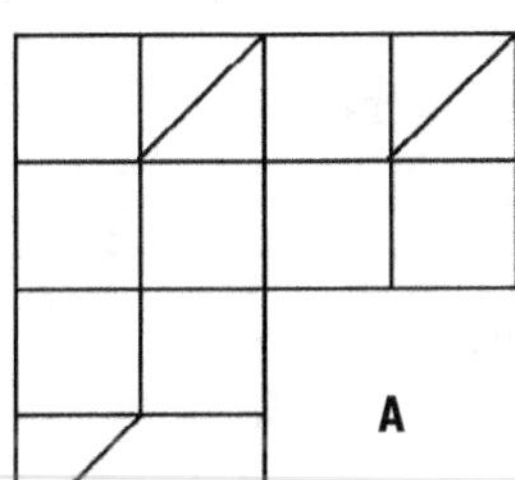

A

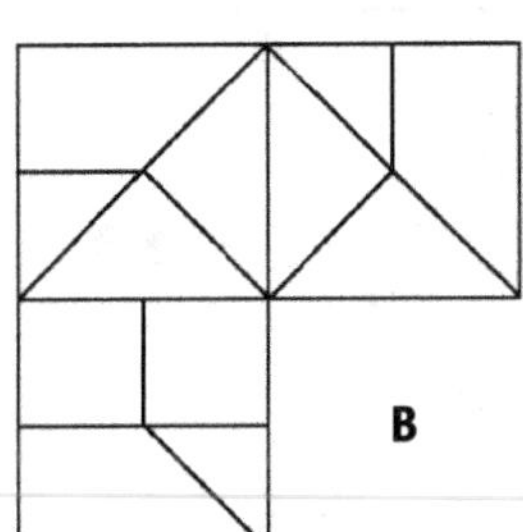

B

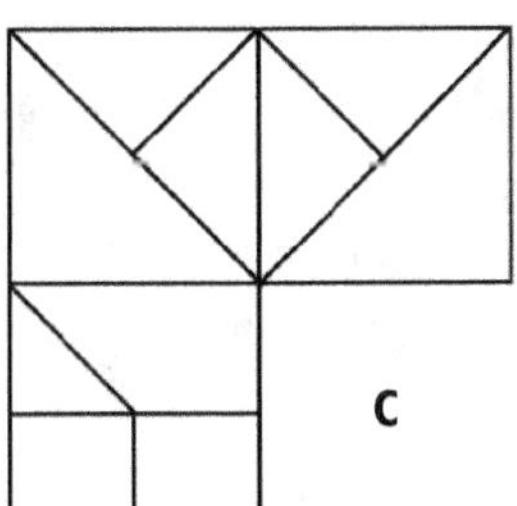

C

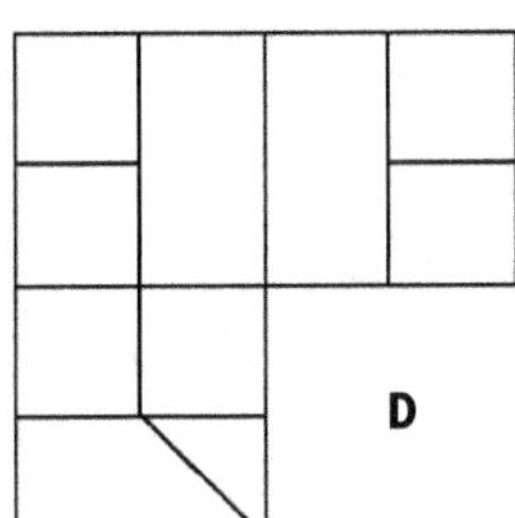

D

(x)

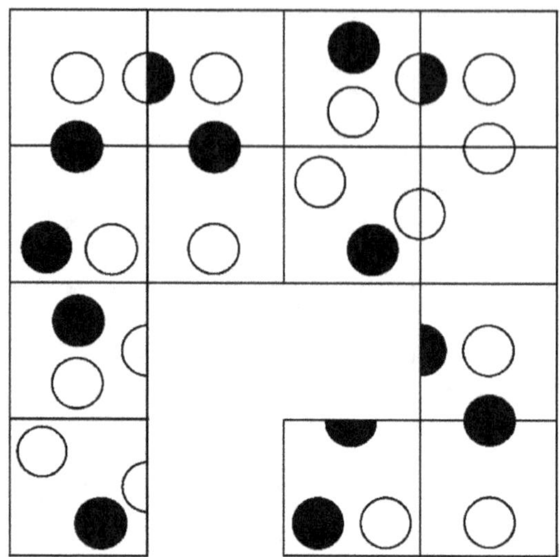

Quel est le groupe de cases manquant ?

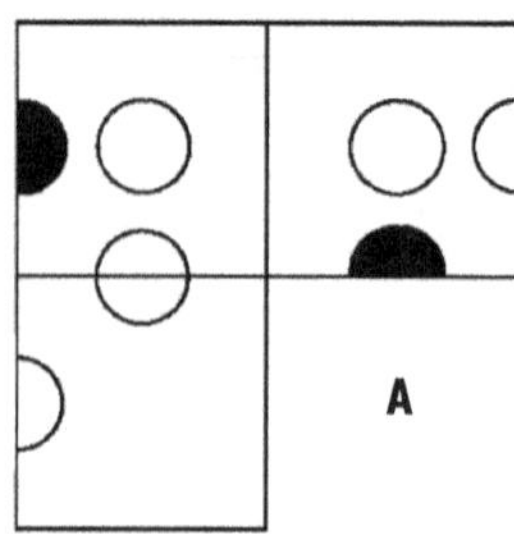

A

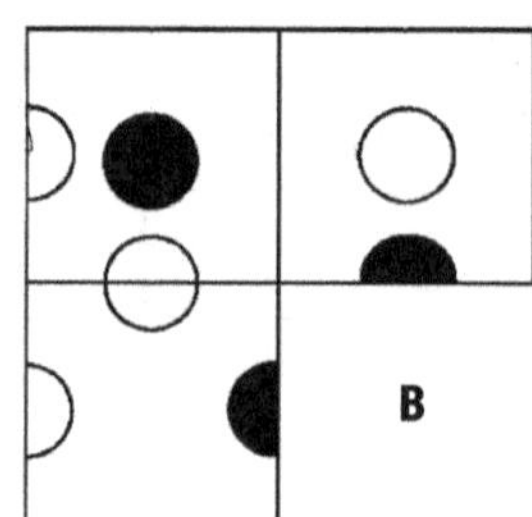

B

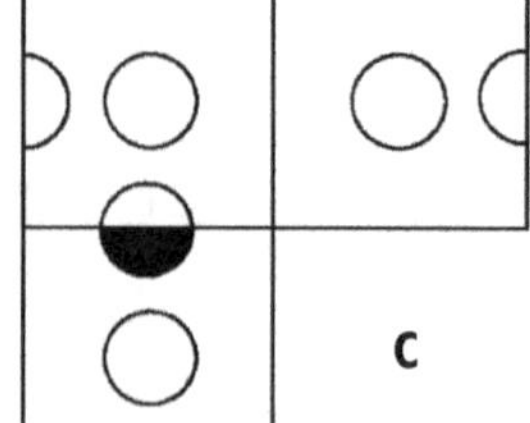

C

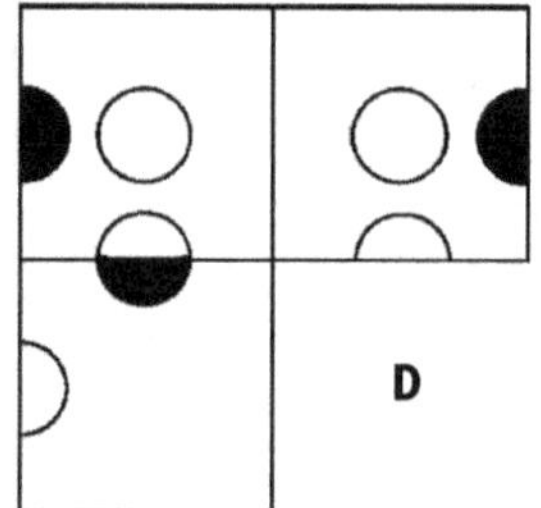

D

Interprétation symbolique

2 Pour chacune des propositions suivantes, faites appel à votre imagination pour créer une esquisse ou un dessin original d'une chose reconnaissable intégrant l'élément indiqué.

Vous disposez de 20 minutes pour finir vos six dessins.

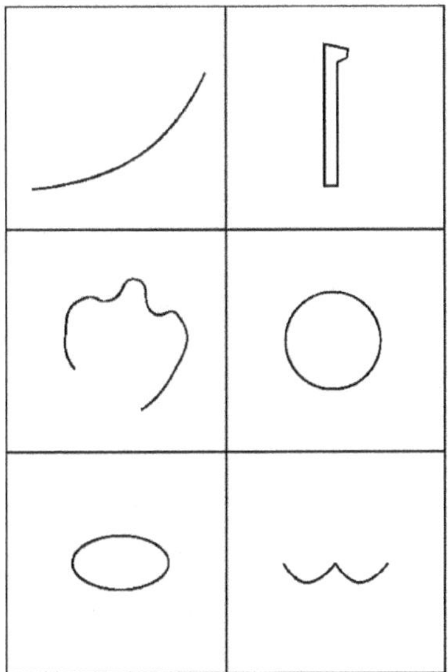

Pensée latérale : exercices verbaux
(les solutions sont en page 147)

3 Les dix exercices de ce test exigent un certain degré de latéralisation de la pensée. Ils sont destinés à mettre à l'épreuve moins vos connaissances en vocabulaire que votre souplesse intellectuelle lorsque vous êtes confronté à des situations nouvelles.

Plusieurs de ces exercices font appel à ce que l'on nomme parfois la pensée tridimensionnelle, c'est-à-dire l'analyse du problème présenté, son examen approfondi pour trouver d'éventuels schémas ou sens cachés, et enfin son exploration au-delà de ses frontières visibles à la recherche d'une solution.

Ici, le temps n'est pas limité. Si vous ne trouvez pas la solution tout de suite, résistez à la tentation de vous reporter d'emblée à la solution.

Revenez sur le problème un peu plus tard, voire un autre jour, de façon à poser sur lui un regard différent. Peut-être, votre subconscient l'ayant analysé entre-temps, la solution vous apparaîtra-t-elle soudainement sans que vous ne vous y attendiez.

(i)   UNE FEMME EXCEPTIONNELLE

UN CORPS DE DÉESSE

UNE EFFROYABLE HISTOIRE

UN BOOM MATRIMONIAL

UN AGENDA ARRANGEANT

UN POT-POURRI INTERMINABLE

Ces six expressions ont en commun quelque chose que n'ont pas les deux suivantes :

UNE POISSON POISSEUX

UNE ÉTYMOLOGIE DOUTEUSE

(ii)   Par quelles lettres remplacer les points d'interrogation ?

P	**R**		**D**	**E**		**T**	**R**
Q	**U**		**C**	**I**		**S**	**I**

S	**E**		**H**	**U**		**?**	**?**
D	**I**		**O**	**N**		**?**	**?**

(iii)   Un mot ne se trouve pas dans la bonne colonne. Lequel ?

Colonne A	**Colonne B**
PIED	DEMAIN
SKI	VENTE
JOUR	SOLEIL
EXEMPLE	SHAMPOOING

(iv) ARCHÉTYPE
OBSESSION
ROCHER
TRIDENT
DÉPRESSION
RECTIFICATION
HAMBURGER

Quel mot vient ensuite ?
ACCOLADE, BIOGRAPHIE, FURTIVEMENT, ACROPOLE ou
ÉPOUVANTABLE

(v)

ETAT	LITS	FAON	ECHO
LAME	AUBE	IODE	TOUT
FORT	?	ERRE	RIME
ESSE	TARD	ROUE	EMOI

Par quel mot remplacer le point d'interrogation ?
HAUT, RAIL, TROU, IRIS, OPUS ou JUIN

(vi) Qu'ont en commun les expressions suivantes ?
AU BON MARCHÉ
DES BOY-SCOUTS
LE PUBLIC BÂILLE
UN TRÉPIED COSTAUD
LA CONFÉDÉRATION HELVÉTIQUE

(vii) Par quelle lettre remplacer le point d'interrogation ?

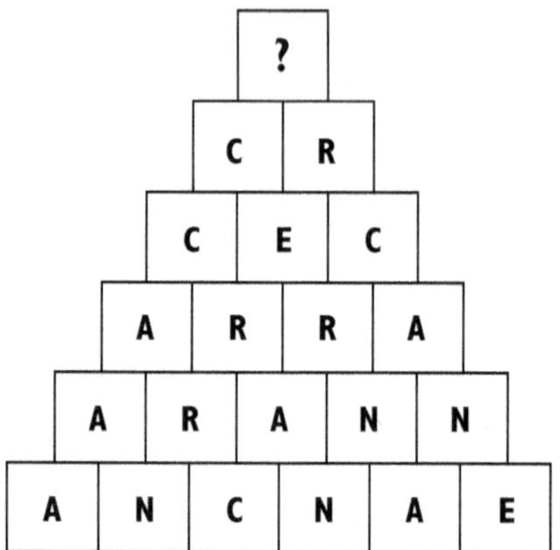

(viii) Qu'ont en commun les mots suivants ?

CROÛTE, FANION, MODULE, CROSSE

(ix) Groupez ces mots en trois paires dont les deux éléments ont un lien commun.

LIVAROT, ADAGIO, PAELLA, LITCHI, PÉLICAN, OSTENTATOIRE

(x) Qu'ont en commun les groupes de lettres suivants ?

JEE   CAFAR   AIQUE   BRTTE   DESE

Les cercles de votre esprit (solution en page 148)

(4) Chaque jour de notre vie, nous pouvons observer des symétries, qu'elles se produisent dans la nature ou dans des créations comme les papiers peints ou les carrelages. Dans cette expérience, nous avons composé un schéma symétrique circulaire utilisant différents symboles.

En vous fondant sur les règles de base déjà établies, saurez-vous remplir toutes les cases blanches avec ces symboles de manière à maintenir la symétrie ?

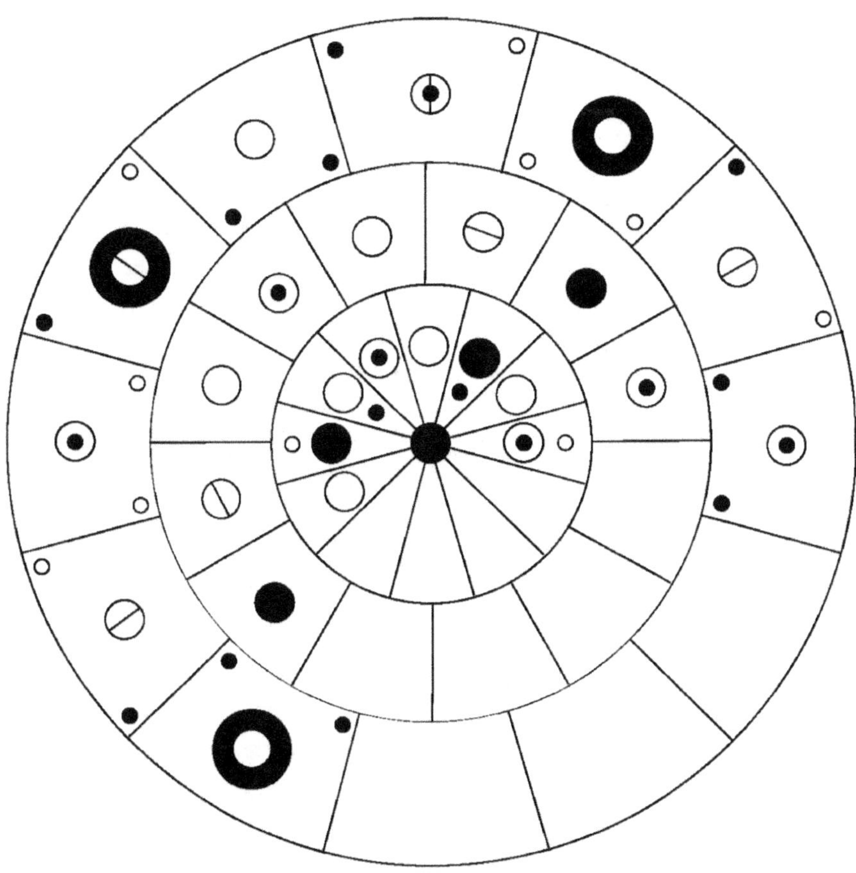

Le raisonnement divergent (analyse et score en page 149)

(5) Ce test se fonde sur la théorie de la Gestalt et le test de Jackson sur le raisonnement divergent, dans lequel le sujet doit imaginer le plus grand nombre d'utilisations possible pour des objets du quotidien, par exemple une brique ou un bout de ficelle.

Ici, il vous est demandé de trouver jusqu'à douze nouvelles utilisations pour un seau. Vous avez dix minutes.

Vous devez respecter strictement cette limite de temps, faute de quoi votre résultat ne serait pas valable.

1   ....

2   ....

3   ....

4   ....

5   ....

6   ....

7   ....

8   ....

9   ....

10   ....

11   ....

12   ....

Rébus (les solutions sont en page 149)

(6) Un rébus est une représentation visuelle énigmatique des sons qui composent un nom ou un mot. « Rebus » est un mot latin qui signifie « par les choses », indiquant un texte codé qui peut être déchiffré en étudiant son aspect visuel.

Voici quatre exemples qui illustrent le type de pensée créative qu'il faut avoir pour résoudre ces devinettes.

(i)   U   U

(ii)   7 + 13 + 3

(iii)   DISCOU

(iv)

$$\begin{array}{c} \text{O} \\ \text{R} \;\; \text{R} \\ \text{O} \;\; \text{R} \;\; \text{O} \end{array}$$

Maintenant, essayez les rébus suivants. La première série a des réponses en un seul mot, tandis que dans la seconde série vous devez trouver des expressions familières.

Il n'y a pas de limite de temps. Le but est simplement de mettre vos capacités de pensée créative à l'épreuve. S'il y a des rébus que vous ne parvenez pas à résoudre, nous vous suggérons d'y revenir plus tard avec un regard nouveau. Il est tout à fait possible que la réponse vous saute brusquement aux yeux, votre inconscient ayant continué d'analyser le problème.

(v)   Trouvez un mot.

1. TO	**2.** M ͡ I ͡ C ͡ R ͡ O
3. $\dfrac{\Pi}{A}$	**4.** **GNON**
5. **LIUET**	**6.** **SIAPREON**

(vi) Trouvez une expression connue.

<table>
<tr><td>

1.

TEEREMPS

</td><td>

2.

S I M D I C
I I II I L L

</td><td>

3.

TEME NERV

</td></tr>
<tr><td>

4. CAFE

</td><td>

5.

NATION

</td><td>

6. **ONTRA**

I
S N
SI S
M

</td></tr>
<tr><td>

7.

E | B
I | R

</td><td>

8.

CUL
TETE

</td><td>

9.

LA VEHC

</td></tr>
<tr><td>

10.

pAr PaR

</td><td>

11.

I 0 00I

</td><td>

12.

CENBALLETRE

</td></tr>
</table>

L'étoile cachée (solution en page 151)

(7) Une étoile régulière à cinq branches est cachée dans cette image. Saurez-vous la trouver ?

Pensée latérale : exercices numériques
(les solutions sont en page 152)

(8) Voici une série de dix problèmes numériques conçus pour exercer vos capacités de pensée latérale et de créativité. Aucun d'eux ne demande plus que des connaissances élémentaires des mathématiques. Ils réclament en revanche une aptitude à ne pas prendre les choses pour ce qu'elles paraissent, mais au contraire à réfléchir autrement et à regarder au-delà de ce qui vous est montré sur le papier. Vous devez explorer toutes les possibilités. Par exemple, vous devez étudier les nombres en relation avec le diagramme dans lequel ils sont présentés. Par-dessus tout, soyez prêt à l'inattendu et laissez votre esprit vagabonder dans l'improbable et l'imprévisible.

Il n'y a pas de limite de temps pour ces exercices. Si vous ne parvenez pas à les résoudre du premier coup, ne vous jetez pas d'emblée sur la solution. Revenez sur le problème un peu plus tard, voire un autre jour, posez sur lui un regard neuf : il est possible que votre subconscient l'ait analysé entre temps.

(i) Par quel nombre remplacer le point d'interrogation ?

21		22	20		
	22			21	21
	12		11		
		12		?	
21		22			21
	12		11		

(ii) Par quel nombre remplacer le point d'interrogation ?

4	7	1
6	1	3
4	2	3

5	1	3
2	8	5
2	3	1

1	2	6
2	1	2
4	5	?

(iii) Continuez cette séquence jusqu'à sa conclusion logique.

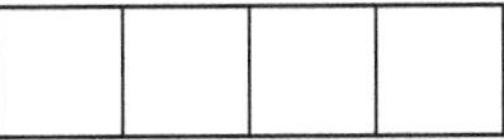

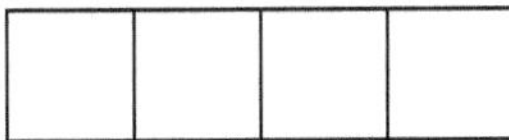

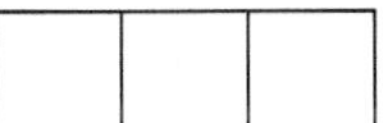

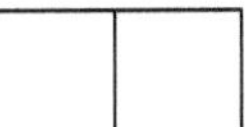

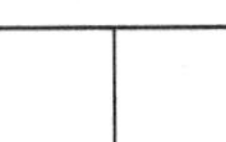

(iv)   Par quel nombre remplacer le point d'interrogation ?

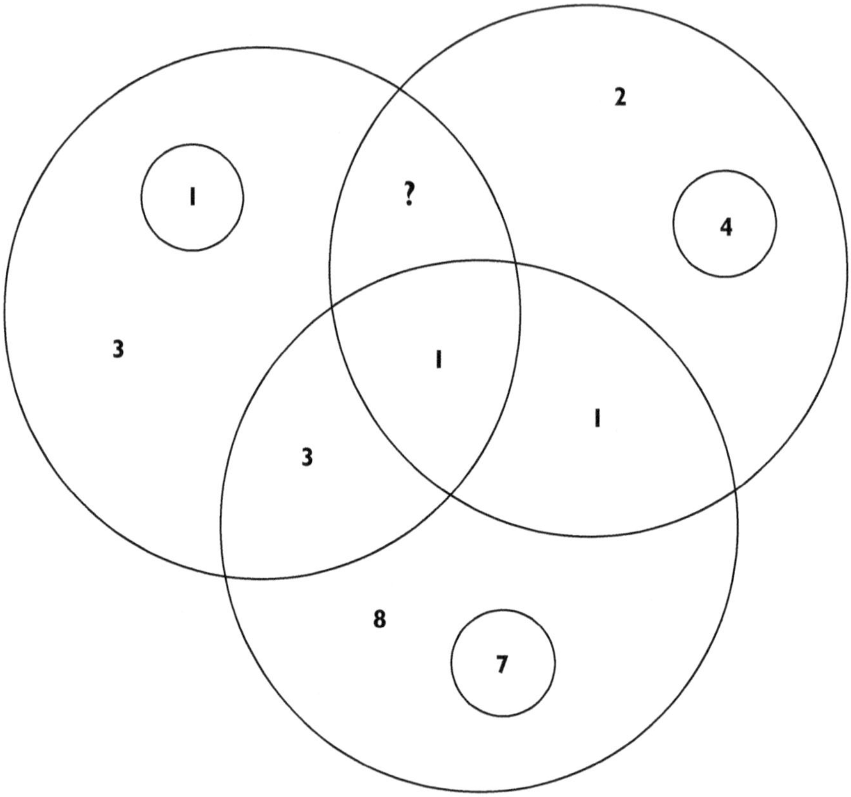

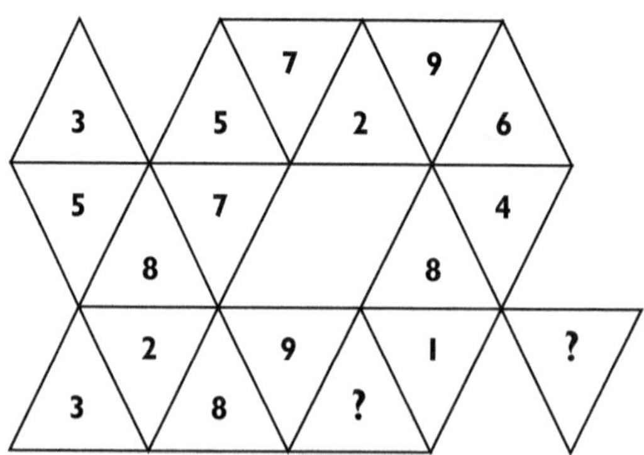

(v)   Par quels nombres remplacer les points d'interrogation ?

(vi)   Par quel nombre remplacer le point d'interrogation ?

7	11	4	
12	2	?	9
15	3	3	18
	15	22	7

(vii)   Par quel nombre remplacer le point d'interrogation ?

29	86	67	98
63			15
6			9
17	13	?	11

(viii) Par quels nombres remplacer les points d'interrogation ?

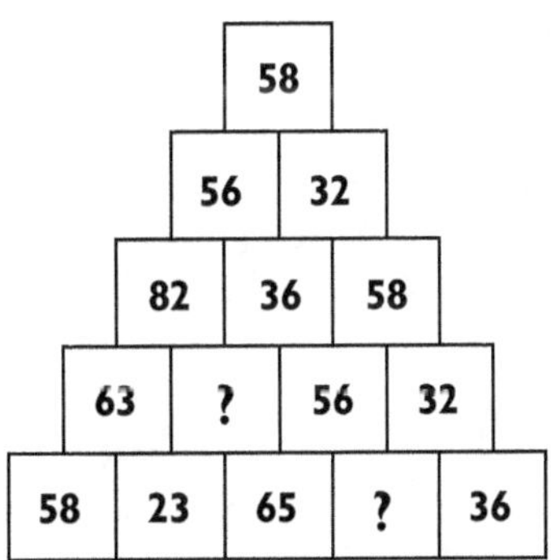

(ix) Quels sont les points qui devraient apparaître sur la face blanche ?

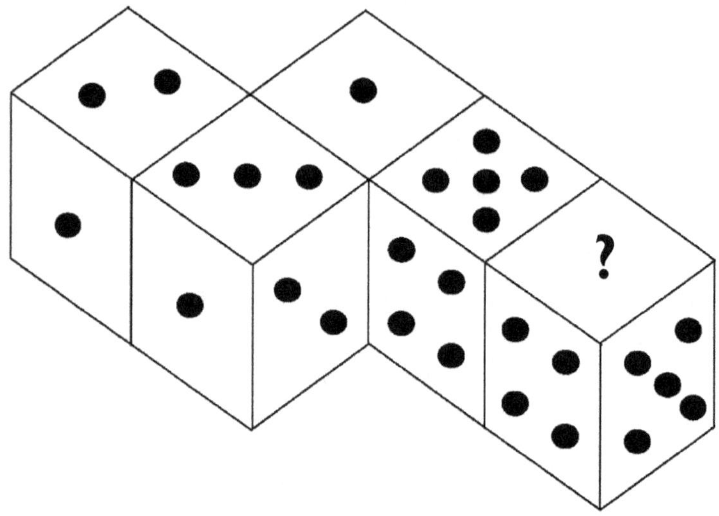

(x) Par quel nombre remplacer le point d'interrogation ?

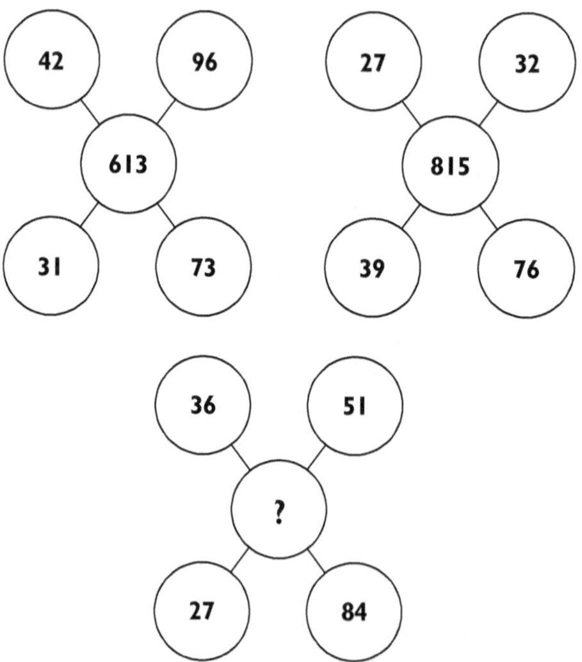

Interprétation

(**9**) Ici, le principe est d'interpréter chacun de ces 20 dessins de la manière la plus délirante et la plus imaginative possible. Vous pouvez jouer à ce jeu avec d'autres personnes. Plus délirante vous paraîtra la proposition de quelqu'un, meilleure elle sera et plus cette personne se sera montrée créative. Par exemple, vous pouvez voir dans le dessin n° 5 une paire de chaussettes. Mais qu'est-ce que cela peut être d'autre ? Laissez s'envoler votre imagination, et voyez ce que vous pourrez trouver.

Scénarios (les solutions sont en page 154)

(10) Ces situations inspirées de la vie réelle ont été imaginées pour développer votre pensée créative et vos capacités de résolution de problème. Vous devez faire appel à votre imagination pour apporter une explication à ces différents scénarios. Une réponse vous est proposée pour chacun d'eux, mais tout l'intérêt est que vous trouviez vous-même une explication plausible.

Vous pouvez faire jouer d'autres personnes. Chaque situation est présentée au groupe, lequel doit découvrir ce qui se passe en posant des questions. Le présentateur ne peut répondre que par « oui », par « non » ou, éventuellement, par « sans rapport ».

(i) Un homme court dans un couloir, un morceau de papier à la main. La lumière vacille. L'homme tombe à genoux et crie de désespoir.

(ii) Un salarié parisien visite huit pays étrangers en un seul jour, bien qu'il ne possède pas de passeport, et il en sort toujours de son propre gré.

(iii) Deux hommes creusent une tranchée. Soudain, ils se regardent l'un l'autre avec colère et commencent à se disputer. Ils téléphonent à leur chef, après quoi l'un rentre chez lui en souriant, tandis que l'autre continue de creuser, plus fâché que jamais.

(iv) Alain s'est assis sur Doris et l'a tuée au moment où la musique s'est arrêtée.

(v) Pierre rend régulièrement visite à son grand-père au 14e étage d'un immeuble. Il monte directement au 12e, puis prend l'escalier sur deux étages. Or, l'an dernier, il ne prenait l'ascenseur que jusqu'au 11e étage.

(vi) Un couple est allé au cinéma. Pendant le film, le mari étrangle son épouse. Il parvient néanmoins à rapporter le cadavre à son domicile sans attirer l'attention.

(vii) Cet homme dit à son patron : « J'ai fait un rêve horrible cette nuit : si vous prenez l'avion aujourd'hui comme prévu, votre appareil s'écrasera. » « Je devrais vous licencier, répond le patron. Mais votre sollicitude vous sauve, vous vous en tirerez avec un simple avertissement. »

(viii) Une dame entre dans une boulangerie. « Pain », dit-elle. Aussitôt le commerçant décroche son téléphone et demande un médecin.

(ix) Derrière ma maison, il y a une longue ligne droite. Je roule souvent sur cette route quelque 300 mètres vers l'ouest et pourtant, lorsque je m'arrête, ma voiture est toujours tournée vers l'est.

(x) Un homme est assis sur le rebord de sa fenêtre au 20e étage. Tout à coup, il saute, mais s'en tire indemne.

Séquences (les solutions sont en page 155)

11 Pour chaque série, déterminez le schéma de transformation ou de déplacement à l'œuvre, puis dessinez ce que vous estimez être la figure qui devrait compléter la séquence.

(i)

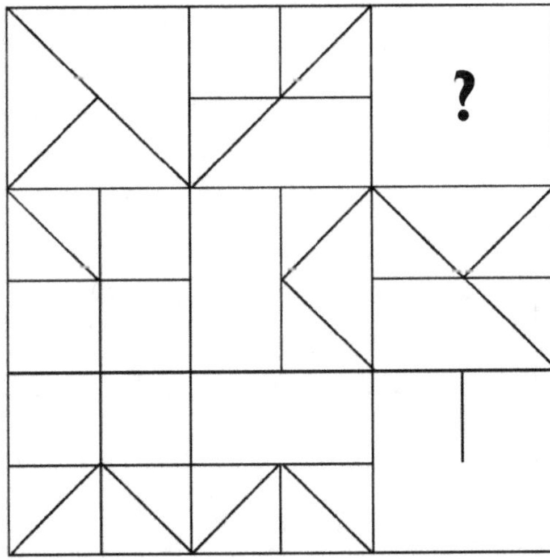

(ii)

(iii)

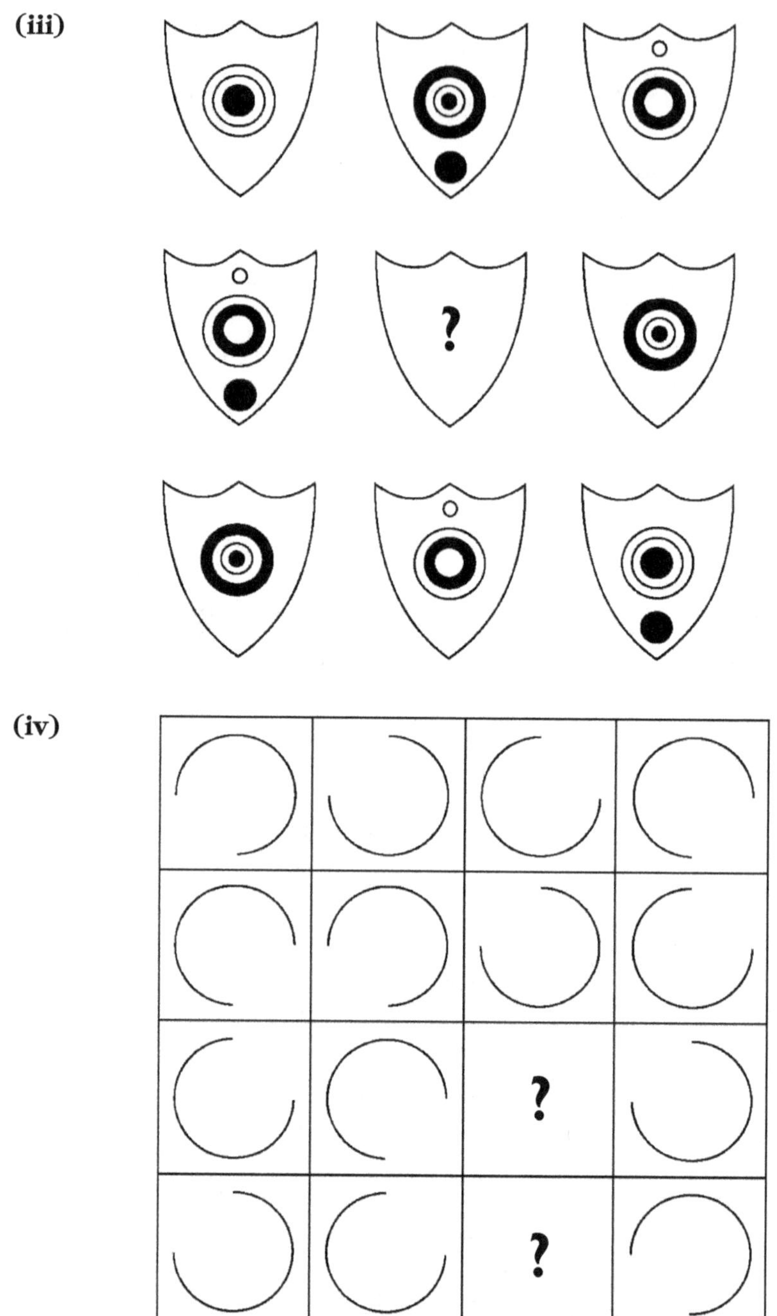

(iv)

(v)

(vi)

(vii)

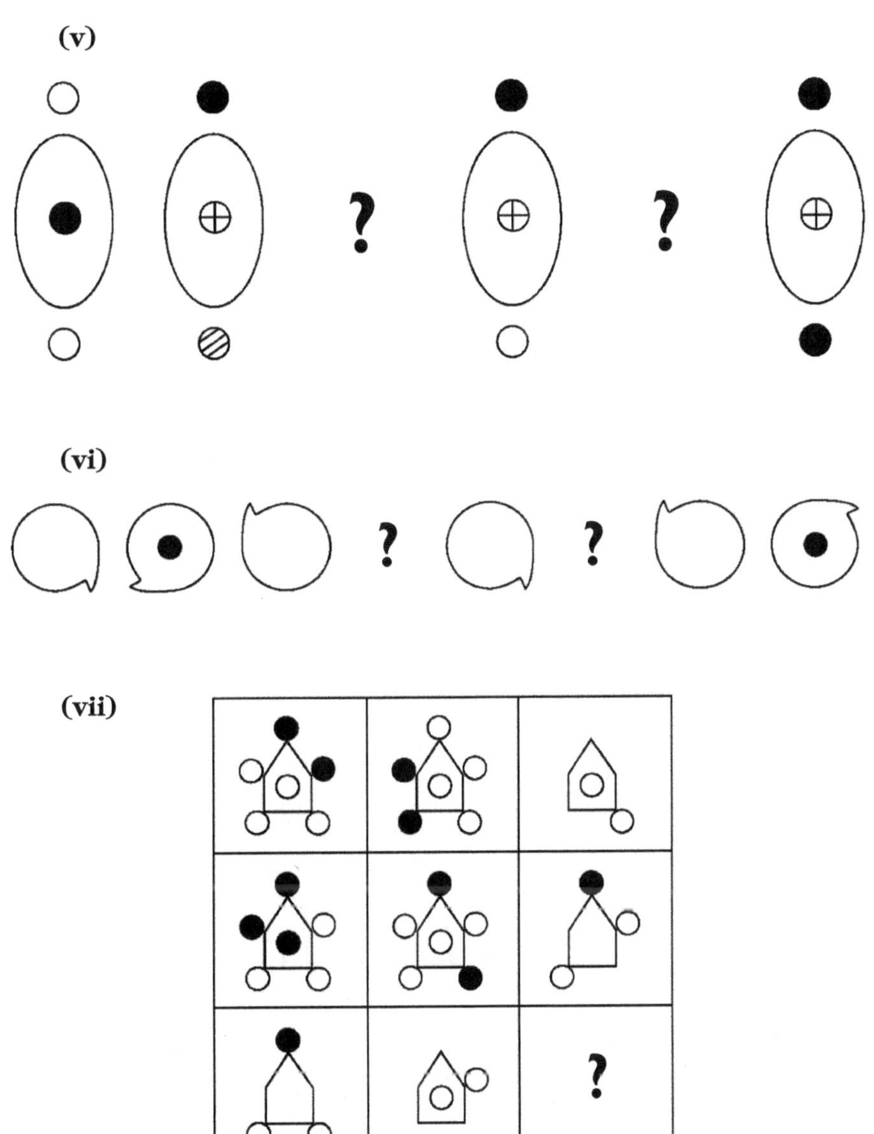

(viii)

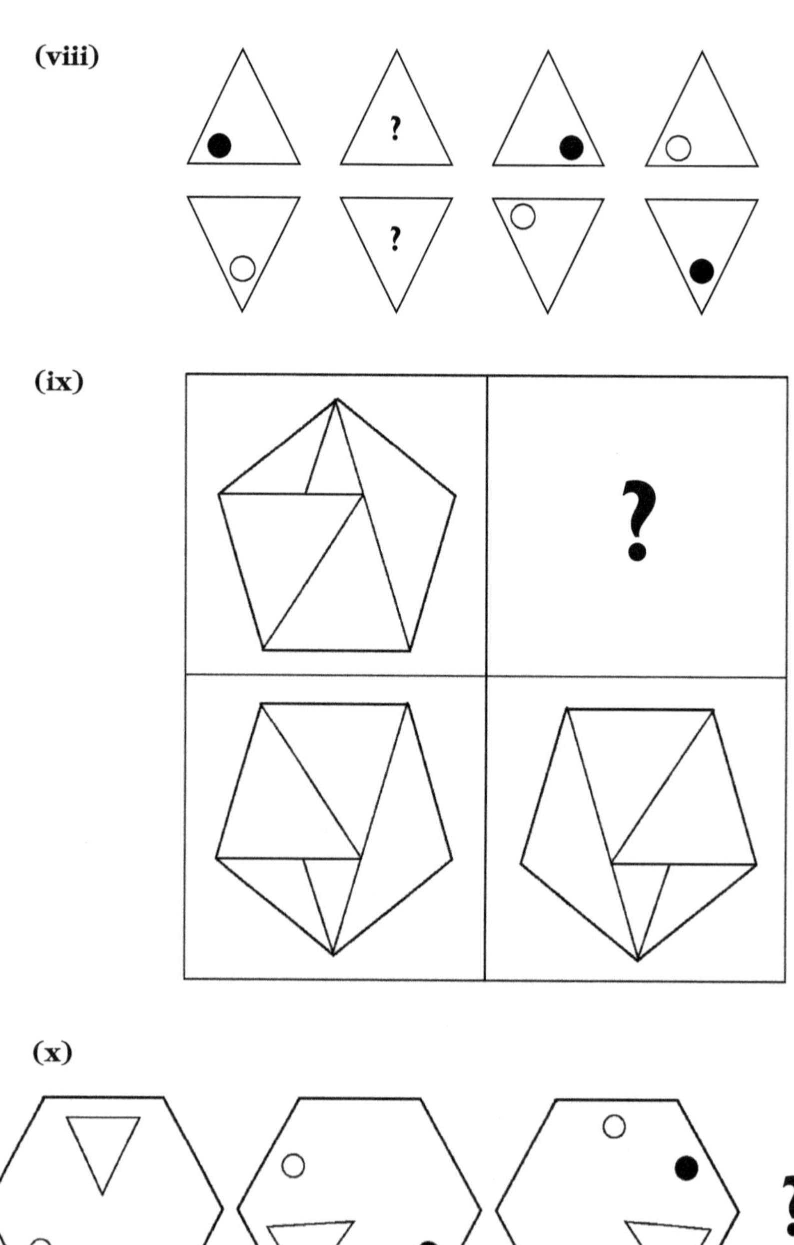

(ix)

(x)

Les bâtons d'allumette

12 **(i)** Déplacez trois allumettes pour obtenir trois carrés.

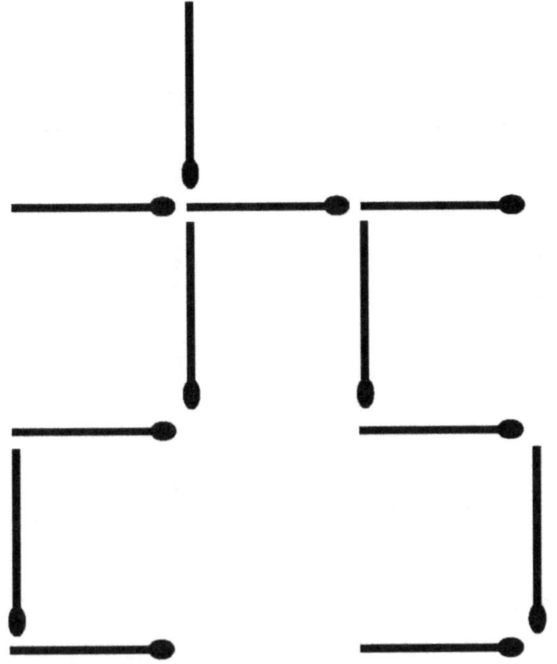

(ii) Déplacez deux allumettes pour obtenir quatre carrés.

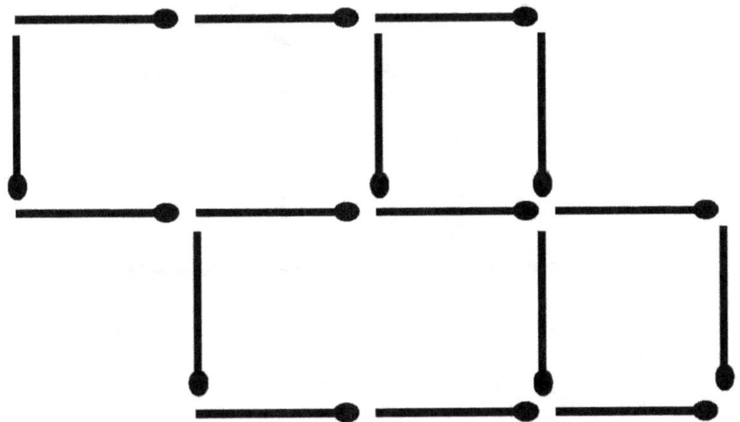

(iii) Déplacez trois allumettes pour obtenir cinq carrés.

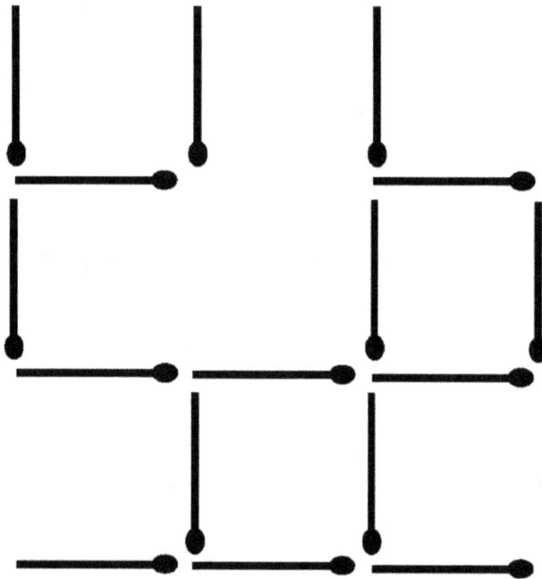

(iv) Déplacez trois allumettes pour obtenir quatre carrés.

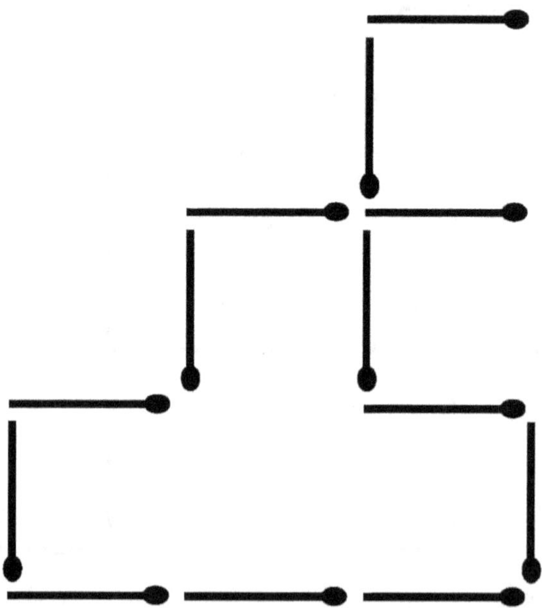

(v)   Placez neuf allumettes pour obtenir VIVE.

Saurez-vous en ôter six et pourtant en garder quatre ?

(vi)   Repositionnez ces trois étoiles à six branches pour obtenir une étoile à six branches plus grande.

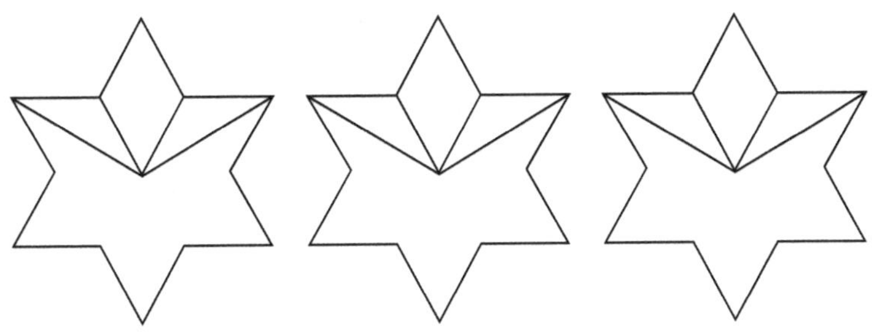

La résolution de problème

En psychologie, on définit un problème comme une situation dans laquelle certains éléments sont déjà connus tandis que d'autres doivent être confirmés ou déterminés. Ce type de situation est intéressant pour les psychologues quand les facteurs inconnus ne sont ni évidents ni faciles à vérifier.

La résolution de problème englobe tous les processus mis en œuvre pour apporter une réponse. Elle met en jeu la part de la psychologie cognitive qui concerne ces processus. Pour l'entraînement à la résolution de problème, les psychologues utilisent les anagrammes, les casse-tête et les problèmes de contenants.

Voici un exemple typique de processus de résolution de problème.

> Comment faire pour mesurer une durée de 9 minutes avec un sablier de 4 minutes et un autre de 7 minutes ?

Solution :

> Retournez les deux sabliers en même temps. Puis retournez le petit sablier sitôt son temps de quatre minutes écoulé (4 minutes). Retournez le grand sablier sitôt son temps de sept minutes écoulé (+ 3 minutes). À ce moment, il ne reste plus que une minute dans le petit sablier. Quand cette minute est écoulée (+ 1 minute), retournez de nouveau le grand sablier dont le contenu correspond de nouveau à une minute (+ 1 minute).
> On obtient ainsi un total de 4 + 3 + 1 + 1 = 9 minutes.

Bien sûr, dans la vie réelle les problèmes sont quelque peu différents, mais les processus de réflexion qu'ils impliquent sont les mêmes que ceux que réclament l'analyse et la recherche d'une solution lorsque le problème a été posé artificiellement.

La résolution de problème

La différence, subtile, entre problèmes réels et problèmes sur le papier est que les seconds sont posés par une personne, et possèdent une solution déjà connue de cette personne. Les premiers, eux, surgissent dans la vie. Ils ne sont pas posés artificiellement et ne possèdent pas de solution connue de quelqu'un d'autre. Il n'y a pas de bonne réponse, mais certaines solutions peuvent être meilleures que d'autres.

L'un des points importants à garder à l'esprit en face d'un problème réel est de ne pas passer trop de temps à se plaindre ou à s'apitoyer sur son propre sort. Mieux vaut parler « au » problème que parler « de » lui. Bien sûr, en cas de problème personnel sérieux, c'est souvent chose plus facile à dire qu'à faire, reste toutefois qu'il est presque toujours préférable d'adopter une approche positive plutôt que négative.

Dans beaucoup de situations difficiles, il est essentiel d'aller au cœur du problème. Au début du film de Raymond Chandler *The Big Sleep* (1946), Humphrey Bogart dans le rôle de Philip Marlowe a cette remarque : « Réglez le principal et tout le reste suivra. » Ceci se vérifie dans de nombreux cas : si vous allez droit au cœur du problème, alors il est étonnant de voir à quel point toutes les difficultés périphériques disparaissent rapidement.

Différentes techniques de résolution de problème ont été utilisées au fil des ans. La plus connue est peut-être le brainstorming, technique de groupe où l'on encourage les participants à laisser courir leurs idées de solutions éventuelles à un problème donné.

Le brainstorming est donc une méthode de recherche et de développement de solutions créatives au problème posé. Il s'agit de se focaliser sur le problème et d'encourager délibérément les participants à trouver le plus grand nombre possible de réponses inattendues. Pendant ces sessions, il ne doit pas y avoir de critique des idées, le but étant d'en susciter un maximum et d'abattre tout préjugé sur les limites du problème. Ce n'est qu'ensuite que les résultats et les suggestions pourront être analysés et que l'on approfondira les meilleures propositions.

Les participants aux sessions de brainstorming ne sont pas nécessairement experts dans le domaine considéré, ni même prévenus de la nature du problème. Idéalement, ils proviennent du plus grand nombre de disciplines et de milieux possible. Cela permet de faire émerger beaucoup plus d'idées créatives et il est fréquent qu'une personne de l'extérieur trouve une possibilité que d'autres, plus impliquées à l'intérieur du problème, n'avaient pas considérée.

Bien que de manière moins efficace qu'en groupe, un brainstorming peut être mené individuellement. L'éventail des idées produites peut se révéler plus large que ce à quoi parviendrait un groupe, mais souvent ces idées ne sont pas développées aussi efficacement. Il est en effet plus difficile pour un individu d'aborder et de résoudre les difficultés supplémentaires qui peuvent se rencontrer. Reste que la forme individuelle donne à chacun la liberté d'explorer ses idées à son rythme, sans pression des autres membres du groupe et sans crainte de la critique.

L'un des grands avantages du brainstorming individuel tient en ce que cette manière d'attaquer un problème encourage le cerveau à fonctionner de manière créative et positive, par l'exploration d'idées et solutions nouvelles.

L'« analyse du chemin critique » est une autre méthode éprouvée. En tant qu'outil intellectuel, elle est un bon moyen de traiter des problèmes et projets complexes, particulièrement utile lorsqu'intervient le facteur temps ou en cas de date butoir.

Le concept qui sous-tend cette analyse est que, parce que certaines actions sont dépendantes d'autres qui doivent avoir été réalisées auparavant, il est nécessaire de formuler un plan d'action. Vous ne pourrez pas, par exemple, transformer valablement votre garage en salon si vous n'avez pas dessiné des plans, fait établir des devis, éventuellement même obtenu des autorisations. De telles actions entrent dans une séquence, et chacune d'elles doit en général être achevée, avant que l'on puisse commencer la suivante.

Troisième technique de résolution de problème : l'« analyse FFOM » – forces, faiblesses, opportunités, menaces. Comme son nom l'indique, cette méthode peut se révéler très efficace pour l'identification des points forts et faibles et pour l'étude des possibilités et des dangers.

Pour conduire une analyse FFOM, vous devez commencer par noter par écrit les réponses aux questions suivantes :

Forces

Quelles sont mes points forts ?

Où suis-je excellent ?

Ces questions sont à considérer tant de votre point de vue que de celui des autres personnes à qui vous avez à faire. Vous devez toujours demeurer honnête avec vous-même et réaliste, mais aussi savoir reconnaître un certain nombre de choses qui vous caractérisent – et dont beaucoup peuvent se révéler être des forces.

Faiblesses

Quels sont les moyens de vous améliorer ?

Que faites-vous mal ?

Que devriez-vous éviter de faire ?

Là encore, pour être efficace, vous devez vous montrer réaliste et répondre non seulement de votre point de vue mais aussi de celui d'autrui.

Opportunités

Quelles sont les opportunités, immédiates ou non, qui seraient bonnes pour vous ?

Qu'est-ce qui serait le plus intéressant à vos yeux ?

Prenez en considération toute chose pertinente ou qui pourrait l'être, par exemple un changement technologique, une évolution des modes de vie, un avancement de carrière.

Menaces

Quels obstacles devez-vous surmonter ?

Quelles sont les contraintes financières ?

Quelles spécifications faut-il respecter ?

Que la difficulté, ou la tâche, soit grande ou petite, une analyse FFOM peut vous apporter des éclairages non seulement pour identifier ce qui doit être fait, mais aussi pour mettre les problèmes en perspective et pour mieux savoir quelles sont vraiment vos forces, ce sur quoi vous pouvez vous appuyer, et vos faiblesses, ce sur quoi vous devez d'abord travailler.

Dans ce chapitre, nous vous proposons une série de 25 casse-tête qui impliquent différents types de démarche intellectuelle, suivie d'une série de 20 problèmes numériques impliquant eux aussi différents types d'approche. Pour les plus difficiles d'entre eux, nous avons ajouté quelques indices et détaillé les explications accompagnant les réponses.

Énigmes et problèmes apportent leur lot de satisfaction, mais on peut préférer les premières aux seconds. Certes, trouver une solution à un problème est un objectif digne d'intérêt. Le principal avantage des énigmes est peut-être qu'elles constituent une gymnastique de l'esprit, et qu'ainsi elles nous permettent d'aborder les vrais problèmes de la vie avec plus de vigueur et de confiance en nous.

Avant d'aborder cette sélection, mesurez-vous aux deux exemples suivants qui illustrent les processus mentaux nécessaires pour en trouver les solutions.

• *Exemple 1*

Il existe plusieurs versions du problème de la fausse pièce de monnaie, où l'on doit trouver la ou les pièces contrefaites avec un nombre limité de pesées. En général, on dispose de balances à plateaux permettant de comparer le poids de deux objets. Ici, la balance ne possède qu'un seul plateau et ne peut donc mesurer qu'un seul objet ou groupe d'objets à la fois.

Trois sacs contiennent chacun un nombre indéterminé de pièces. L'un de ces sacs contient uniquement des fausses pièces d'un poids unitaire de 75 grammes. On sait en outre qu'une vraie pièce pèse 70 grammes. Quel le nombre minimum de pesées nécessaires pour savoir avec certitude quel est le sac de fausses pièces ?

Réponse : une seule pesée.

Explication :

Prenez une pièce dans le sac 1, deux pièces dans le sac 2, et trois pièces dans le sac 3 et pesez le tout en une seule fois. Si le poids total est de 425 g, c'est le sac 1 qui contient la fausse monnaie (1 pièce de 75 g + 5 pièces de 70 g) ; s'il est de 430 g, c'est le deuxième sac ; et, s'il pèse 435 g, c'est le troisième sac.

• *Exemple 2*

Une entreprise offre à ses délégués syndicaux le choix entre deux plans d'évolution des salaires.

Option 1 : au départ de 20 000 euros, le salaire est augmenté de 500 euros par an.

Option 2 : au départ de 20 000 euros, le salaire est augmenté de 125 euros par semestre.

Les salaires sont révisés tous les six mois. Quelle option les délégués devraient-ils recommander au personnel ?

Réponse : la seconde option.

Explication :

De prime abord, il semble évident que la meilleure option est la première puisque assurant une augmentation de 500 euros par an contre 250 pour la seconde. Pourtant il n'en est rien. Examinons les choses de plus près.

Option 1 (500 € d'augmentation après 12 mois) :

1re année	10 000 € + 10 000 € = 20 000 €
2e année	10 250 € + 10 250 € = 20 500 €

Option 2 (125 € d'augmentation par semestre) :

1re année	10 000 € + 10 125 € = 20 125 €
2e année	10 250 € + 10 375 € = 20 625 €

La seconde option est donc plus avantageuse.

• *Exemple 3*

Soit deux sacs identiques contenant chacun huit pions, quatre noirs et quatre blancs. On tire un pion du sac 1 et un autre du sac 2. Quelles sont les chances qu'au moins l'un des deux pions soit noir ?

Réponse : trois chances sur quatre.

Explication :

Voyons quelles sont les différentes combinaisons de tirage possibles :

a. noir-noir

b. blanc-blanc

c. blanc-noir

d. noir-blanc

De ces quatre combinaisons, il n'y en a qu'une – blanc-blanc – qui ne fasse pas intervenir le noir. Par conséquent, les chances de tirer un pion noir sont de trois sur quatre.

• ***Exemple 4***

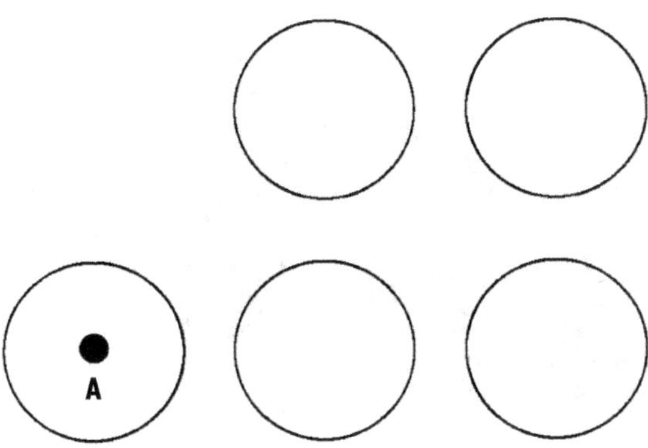

Ces cinq cercles ont un même diamètre. Tracez une ligne passant par le point A de telle sorte qu'elle divise ces cinq cercles en deux parties égales.

Solution :

En traçant trois cercles imaginaires pour créer un bloc symétrique de huit cercles, le problème s'en trouve considérablement simplifié et cela nous conduit à la figure suivante :

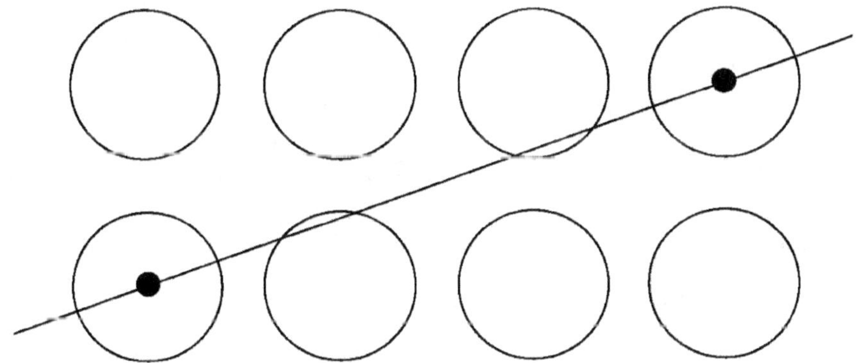

Les questions (les solutions sont en page 161)

(1)

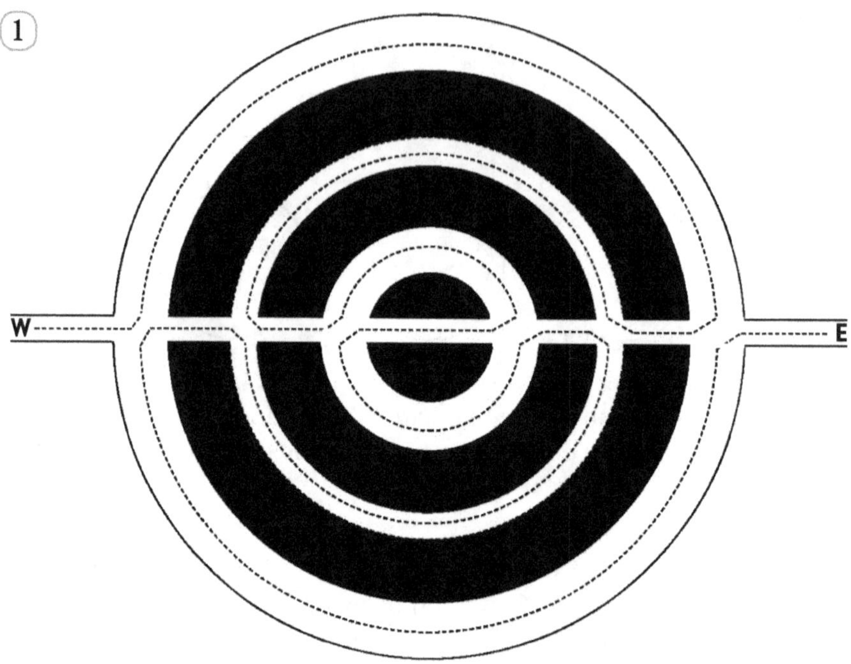

Un passant traverse un parc d'est en ouest. Pour prendre de l'exercice, il a décidé de parcourir toutes les allées circulaires de ce parc au lieu de suivre simplement l'allée centrale. La ligne en pointillé représente l'un des cheminements possibles pour ce faire. Mais combien existe-t-il d'autres itinéraires possibles ? L'homme ne repasse jamais sur le même tronçon mais, inévitablement, peut se retrouver plusieurs fois au même point dans ses pérégrinations.

On trouvera un indice page 137.

(2) Dans cette grille, un pion peut sauter par-dessus un autre dans toutes les directions, y compris en diagonale. Cet autre pion est alors enlevé. En un coup, un pion peut ainsi sauter par-dessus tout une série de pions.

En un seul coup, faites qu'il ne reste plus dans cette grille que huit pions, et qu'ils soient disposés de telle sorte qu'il n'y en ait jamais plus d'un sur une ligne horizontale, verticale ou diagonale d'angle à angle du damier.

50

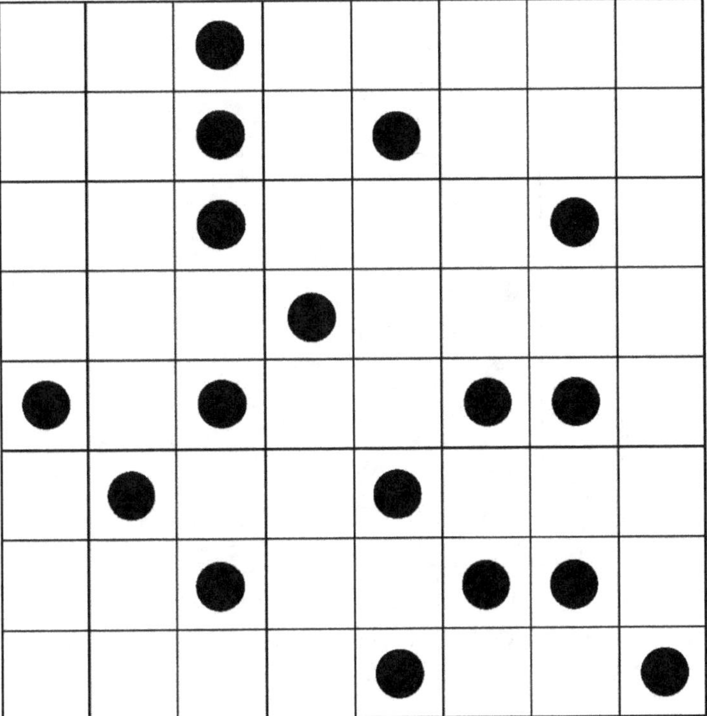

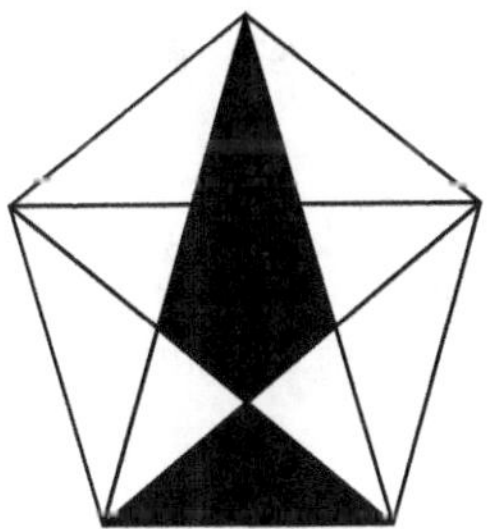

Quel est quantitativement le rapport entre les deux parties noires de la figure ci-dessus ?

On trouvera un indice page 137.

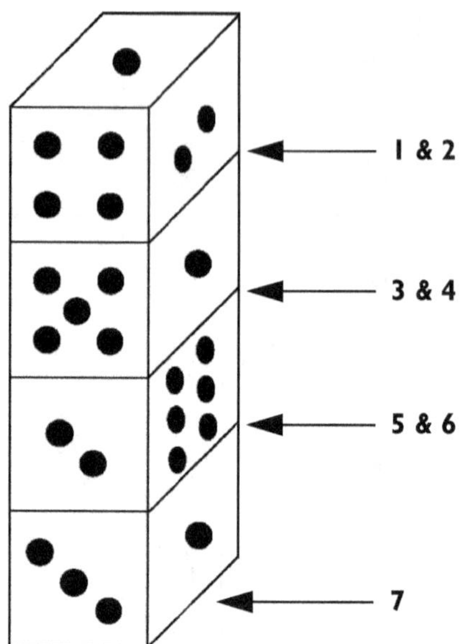

Sans regarder sur des dés réels, pouvez-vous calculer rapidement le total des points des faces 1, 2, 3, 4, 5, 6 et 7 ?

On trouvera un indice page 137.

(5) « Je veux bien inviter des gens à dîner, me dit mon épouse, mais en très petit nombre. »

« D'accord, lui ai-je répondu; alors, en plus de nous deux, je te suggère d'inviter ta sœur Christine, son beau-frère et sa femme, mon fils Geoffroy, mon éditeur Stéphanie avec son mari et son fils, ainsi que Mme Dupont, notre voisine qui est veuve et son neveu à qui j'ai rendu visite cet après-midi. »

Ma femme s'est alors plainte : « Mais c'est beaucoup plus de monde que je n'en pensais inviter ! » « Pas du tout, lui ai-je rétorqué. En réalité, nous serons très peu nombreux. Réfléchis bien. »

Combien serons-nous à ce dîner ?

On trouvera un indice page 137.

6 On place une bille dans un sac vide. Vous ne savez pas si elle est noire ou blanche. Puis on met dans le sac une seconde bille, dont vous savez qu'elle est blanche. Enfin on tire une bille au hasard, elle est blanche.

Quelles sont les chances que la bille demeurée dans le sac soit blanche elle aussi ?

7 Je me trouvais récemment au troisième étage d'un grand magasin avec mon épouse, et nous avons décidé de prendre l'ascenseur jusqu'en haut. Quand j'ai appuyé sur le bouton d'appel, l'appareil était déjà au septième étage, il est alors monté au neuvième, puis est descendu au sixième avant de remonter au onzième et de redescendre au quatrième.

« C'est sans espoir, ai-je dit, nous ferions mieux d'y aller par l'escalier. » Ce à quoi ma femme m'a répondu : « Sois patient. Maintenant, il va monter au douzième, puis il redescendra jusqu'ici. Mais il nous emmènera jusqu'à un certain étage que cela nous plaise ou non. »

Comment mon épouse a-t-elle su que l'ascenseur viendrait nous prendre après être allé au douzième, et à quel étage va-t-il nous emmener que cela nous plaise ou non ?

On trouvera un indice page 138.

8

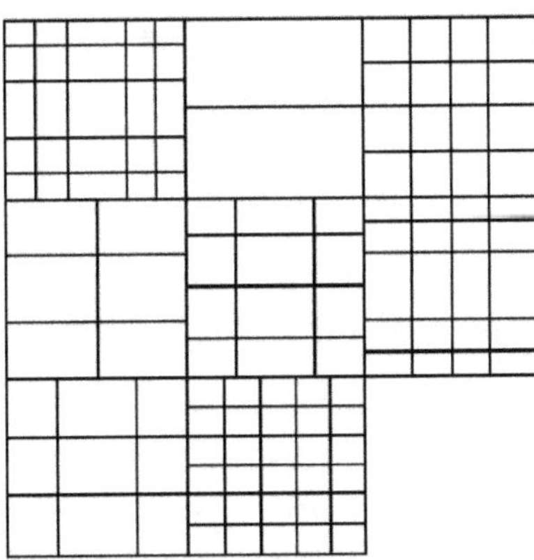

Quel est le carré manquant ?

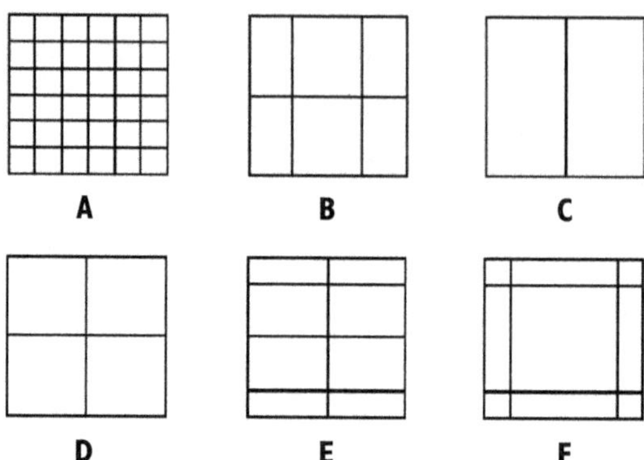

On trouvera un indice page 138.

9 68932, 71456, 98372, 14568

Que doit-on écrire ensuite ?

56381, 89372, 29347, 82943 ou 75286 ?

On trouvera un indice page 138.

10 Hervé a reçu de Georgette ce message secret. Que signifie-t-il ?

HERVÉ

BERCEUSE

PASSOIRES

ASSUREUR

ANGLAIS

COMPLAINTE

GEORGETTE

On trouvera un indice page 138.

11

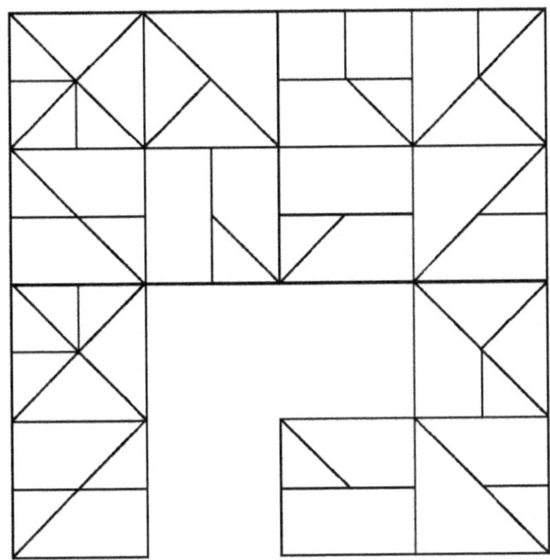

Quelle est la partie manquante ?

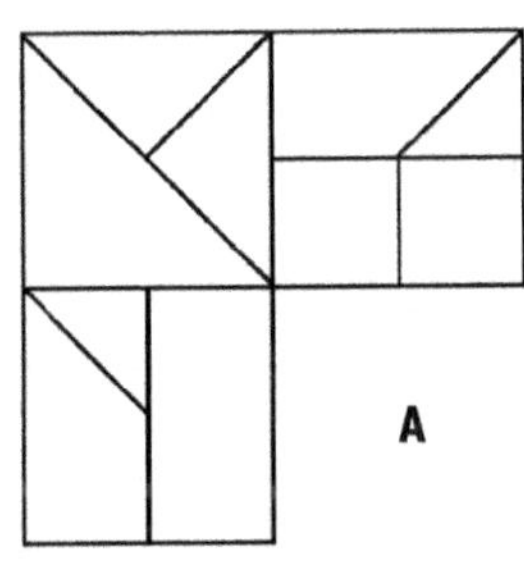

A

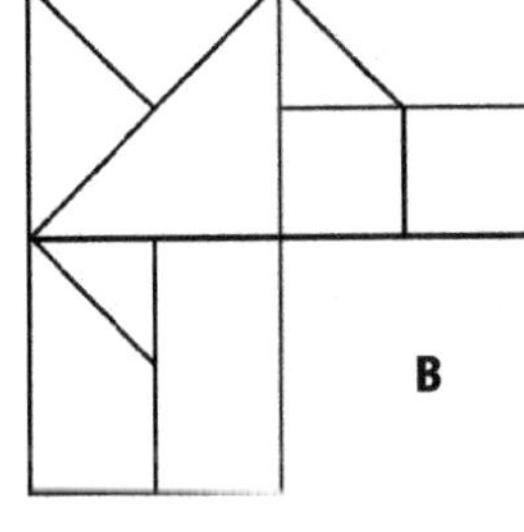

B

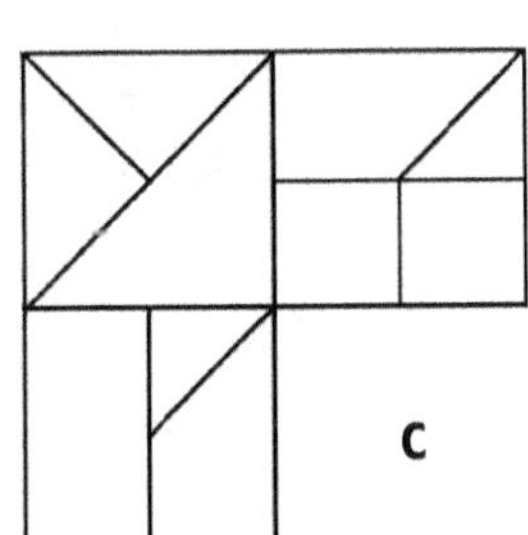

C

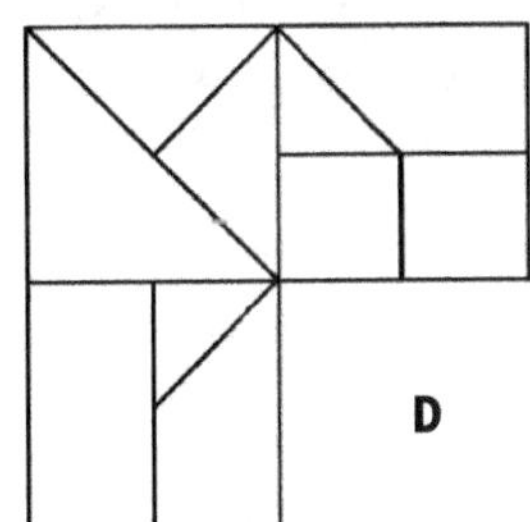

D

On trouvera un indice page 138.

(12)

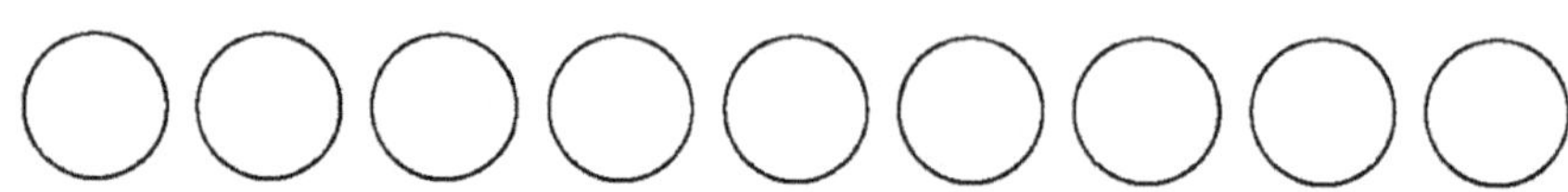

Placez les nombres de 1 à 9 de telle manière que :

- la somme de 1 et 2 plus tous les nombres placés entre eux soit égale à 9 ;
- la somme de 2 et 3 plus tous les nombres placés entre eux soit égale à 19 ;
- la somme de 3 et 4 plus tous les nombres placés entre eux soit égale à 45 ;
- la somme de 4 et 5 plus tous les nombres placés entre eux soit égale à 18.

On trouvera un indice page 138.

(13) Dans ce sac de 50 pommes, quatre fruits sont véreux. Quelles sont les chances de tirer trois pommes et de constater que toutes trois contiennent un ver ?

On trouvera un indice page 138.

(14) Comment les points doivent-ils être disposés dans la case vide ?

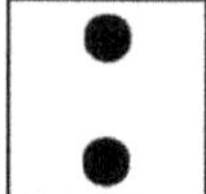 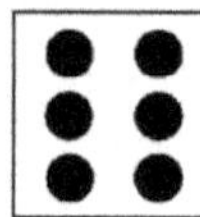 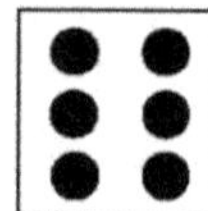 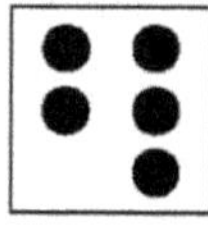   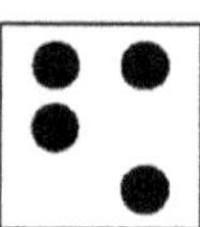

On trouvera un indice page 138.

15

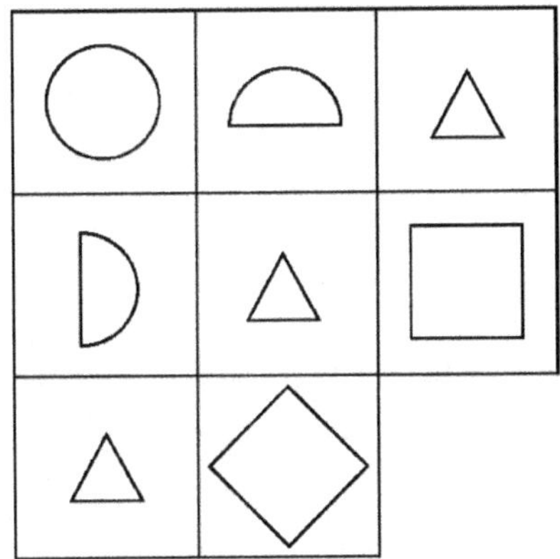

Quelle est la case manquante ?

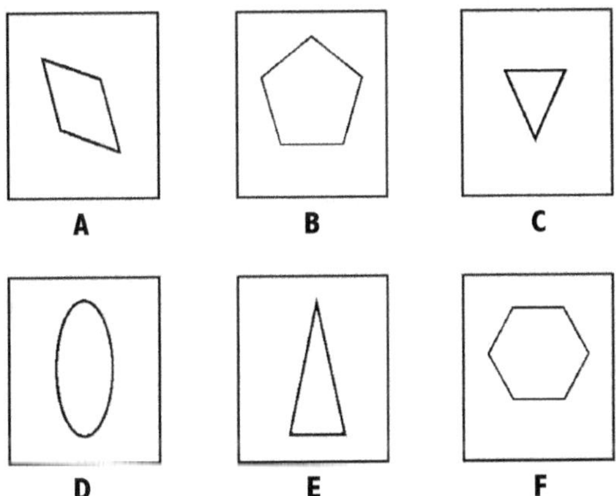

A **B** **C**

D **E** **F**

On trouvera un indice page 138.

16 Combien y a-t-il de triangles dans la figure ci-dessous ?

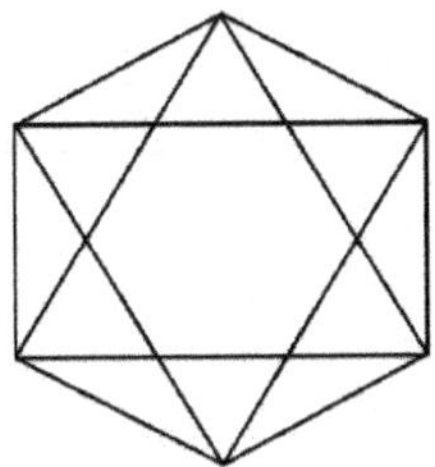

On trouvera un indice page 138.

(17) Le billard américain demande beaucoup d'adresse et de concentration, mais aussi une bonne dose de pensée créative. Dans cet exemple, vous n'avez plus qu'une boule, la noire, sur la table et vous devez l'envoyer dans une poche (un trou) avec la boule blanche. Plusieurs des boules de votre adversaire (les boules rayées) sont également sur la table et vous devez imaginer un moyen de pousser la vôtre sans toucher aucune des siennes au cours de l'action. Comment allez-vous frapper la boule blanche pour qu'elle se déplace autour de la table jusqu'à la boule noire en ne touchant la bande qu'un nombre minimal de fois ?

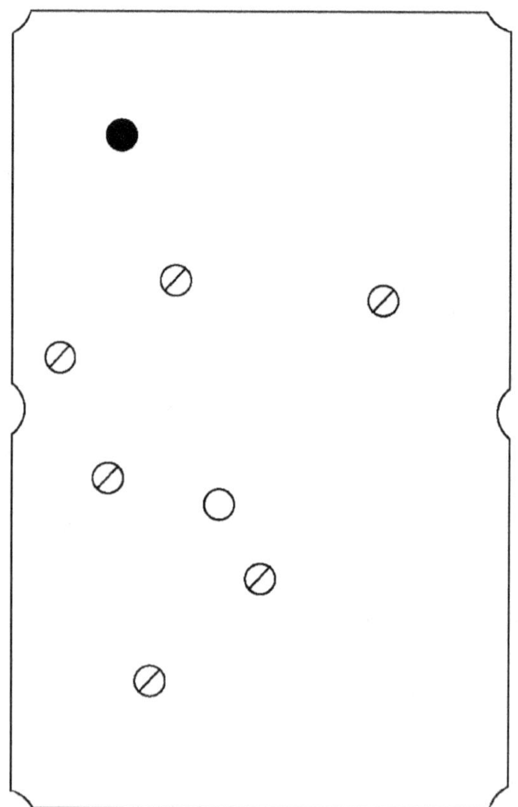

On trouvera un indice page 139.

(18) J'ai fait récemment le marathon de Paris. Malheureusement, aux deux tiers de la course, j'ai attrapé une ampoule et je me suis mis à boitiller jusqu'à la ligne d'arrivée. Cette fin du parcours m'a demandé deux fois plus de temps que les deux premiers tiers.

En courant, combien de fois plus vite allais-je qu'en boitant ?

On trouvera un indice page 139.

(19) Par quel nombre remplacer le point d'interrogation ?

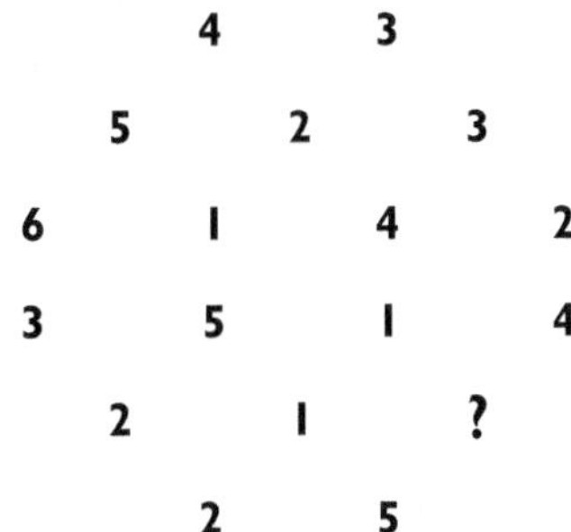

On trouvera un indice page 139.

(20) POINT + PIVOT = CAVITÉ
DÉVIER + PRIVER = TAXES
SUIVRE + PLIER = LEVER

Par conséquent :
DEVISE + ENVOI = ?

Choisissez entre :
LONDRES, PÉKIN, ALGER, MEXICO, BERLIN

On trouvera un indice page 139.

(21) Si l'on vous donne les mots MER, IRE et FER et que l'on vous demande de trouver le plus petit mot qui en contienne toutes les lettres, vous trouverez certainement le mot FRIME.

Voici une autre liste de mots :
OIGNON, GENOU, SIGNE, CANON

Quel est le plus petit mot français utilisant ces mêmes lettres ?

On trouvera un indice page 139.

22 De ces cinq groupes de lettres lequel est l'intrus ?

LNQP   NLM   DFIH
   GILK   SUXW

On trouvera un indice page 139.

23 Paul a 26 cartes portant chacune une lettre différente. Il les dispose face contre table et les retourne l'une après l'autre au hasard.

Quelles sont les chances que les quatre premières cartes qu'il retourne composent son nom, P_A_U_L, dans l'ordre exact ? Et quelles sont les chances que ce soient les quatre dernières cartes qui sortent dans cet ordre ?

On trouvera un indice page 139.

24 Quel est le message caché dans cette grille de mots ?

PAIN   AUBE   USER   LION
ÉPÉE   CAVE   CRIN   STUC
RIVE   AVEN   CERF   ANSE
ARUM   ÉMOI   PIED   ÉTAI

On trouvera un indice page 139.

25 Comment les points doivent-ils être disposés dans la case vide ?

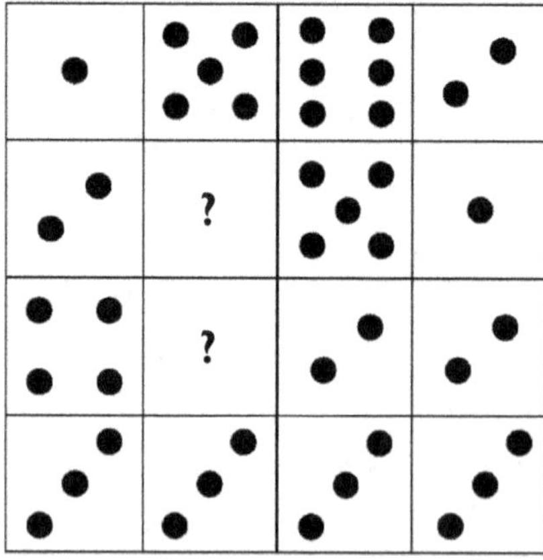

On trouvera un indice page 139.

Les problèmes numériques (les solutions sont en page 168)

> *« On peut définir les mathématiques comme la matière où*
> *nous ne savons jamais de quoi nous parlons,*
> *ni si ce que nous disons est vrai. »*
>
> Bertrand Russell

Les problèmes faisant intervenir les mathématiques peuvent être stimulants, fascinants, déroutants et frustrants, mais une fois que l'on a commencé à s'intéresser aux nombres, c'est tout un nouveau monde qui s'ouvre à mesure que l'on en découvre et manie les multiples caractéristiques et structures.

Tout le monde a besoin d'un minimum d'aptitudes numériques dans l'existence, ne serait-ce que pour calculer les dépenses de nourriture hebdomadaires ou pour prévoir le budget du mois. Mais beaucoup de personnes considèrent les mathématiques comme une matière trop difficile et ne souhaitent pas s'y aventurer plus loin. Pourtant, lorsqu'ils sont démontés et analysés avec les mots d'un profane, beaucoup de ses mécanismes sont aisément compréhensibles même par des individus n'ayant que des connaissances rudimentaires sur le sujet.

Les pages qui suivent proposent une série de 20 problèmes numériques difficiles qui impliquent différents types de calcul, de raisonnement et de logique. Plus vous vous adonnerez à ce genre d'exercice, mieux vous comprendrez les processus de pensée et d'analyse nécessaires pour en venir à bout et plus vous saurez trouver facilement la bonne solution.

Quand les problèmes sont trop difficiles, nous vous proposons un indice, et dans tous les cas des explications détaillées sur la manière d'aborder les choses pour parvenir à la solution correcte.

1 Si la moitié de 5 faisait 3, combien ferait le tiers de 10 ?

2 Jeannot a 10 poches et 44 pièces de monnaie.
Chaque pièce vaut 1 euro.

Il veut mettre les 44 pièces dans ses dix poches de telle manière que chaque poche contienne un nombre d'euros différent.

Est-ce réalisable ?

3 Dans ce lycée, 100 élèves sont inscrits à des cours de langue.

27 étudient   le latin

49 étudient   l'anglais

35 étudient   l'espagnol

8 étudient   le latin et l'anglais

6 étudient   le latin et l'espagnol

9 étudient   l'anglais et l'espagnol

3 étudient   le latin, l'anglais et l'espagnol

Combien d'étudiants n'étudient aucune de ces trois langues ?

On trouvera un indice page 140.

4 Deux golfeurs, Geoffroy et Renaud, décident de parier sur un parcours. Ils envisagent de jouer sur chacun des 18 trous du parcours. Geoffroy dit à Renaud : « À chaque fois, nous mettrons en jeu la moitié de l'argent de mon porte-monnaie. Je pars avec 100 euros. »

Après le 12e trou, il commence à pleuvoir et ils se réfugient dans le club. Geoffroy a gagné 6 trous, Renaud 4, et ils ont fait match nul deux fois. Aussi Geoffroy déclare-t-il : « Je vais acheter des boissons. » Mais, en regardant sa monnaie, il s'aperçoit qu'il a perdu 28 euros. Comment est-ce possible ?

On trouvera un indice page 140.

5 Votre salon est plein d'extraterrestres tout juste débarqués d'une autre planète.

1. Le nombre de ces créatures est supérieur à 1.
2. Toutes possèdent un même nombre de doigts.
3. Chacune d'elles possède au moins un doigt par main.
4. Dans votre salon, le nombre total de doigts se situe entre 200 et 300.
5. Si vous connaissiez précisément le noblre total de doigts, vous sauriez combien vous hébergez d'« aliens » dans votre salon.

Combien d'extraterrestres se sont installés chez vous ?

Combien de doigts chacun d'eux possède-t-il ?

On trouvera un indice page 140.

(6) Je voulais savoir quel mois le cirque viendrait dans notre ville. J'ai donc interrogé six de mes amis. Voici leurs réponses :

Richard a dit : « C'est un mois dont le nom commence par un J. »

Barbara a dit : « C'est un mois de quatre lettres. »

Carole a dit : « C'est un mois de 30 jours. »

David a dit : « C'est un mois de 31 jours. »

Édouard a dit : « C'est un mois qui n'a que deux voyelles dans son nom. »

Fanny a dit : « C'est un mois dont le nom comporte deux syllabes. »

Or deux d'entre eux ont menti.

De quel mois s'agit-il ?

On trouvera un indice page 141.

(7) Un bookmaker établit la cote des chevaux d'une course.

L'OR DU TEMPS	2 CONTRE 1
PETIT TYPHON	3 CONTRE 1
CLAIR DE LUNE	4 CONTRE 1
FOLIE D'AUJOURD'HUI	8 CONTRE 1
LAISSEZ TOUT ESPOIR	10 CONTRE 1
ATTRAPEZ-MOI	

La cote de ATTRAPEZ-MOI n'a pas encore été fixée. Quelle devrait-elle être pour que le bookmaker s'assure une marge de 15 %, étant admis qu'il sait parfaitement équilibrer ses comptes.

On trouvera un indice page 141.

(8) On trouvait jadis dans les fêtes foraines un jeu consistant en un morceau de linoléum comportant un carré de 10 cm de côté sur lequel le joueur lançait un plaque métallique circulaire de 8 cm de diamètre.

Quelles sont les chances pour que la plaque tombe à l'intérieur du carré sans en toucher un côté ?

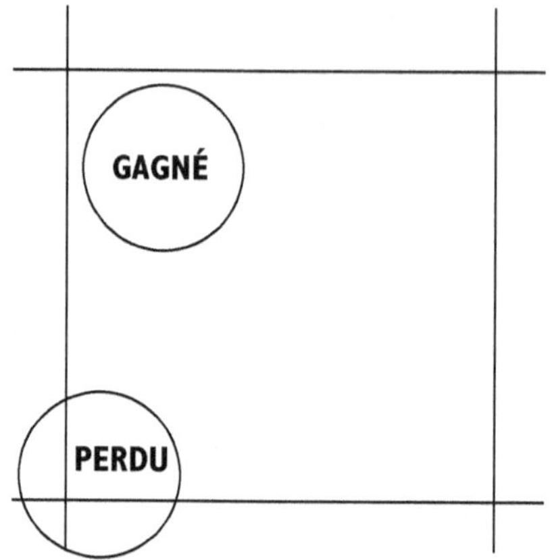

On trouvera un indice page 141.

9 Par quel nombre remplacer le point d'interrogation ?

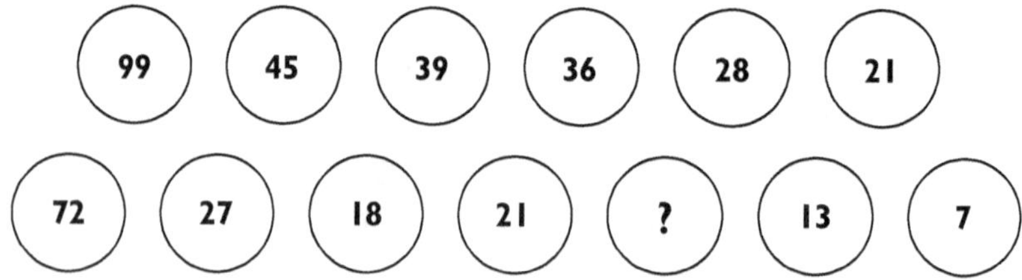

On trouvera un indice page 141.

10 Combien de tours le grand rouage doit-il faire pour que tous les rouages retrouvent leur position initiale ?

On trouvera un indice page 142.

11 À sa mort, ce radjah a laissé un coffret de diamants.

À son fils aîné, il a légué un diamant, et à l'épouse de celui-ci un neuvième des diamants restants.

À son cadet, il a légué deux diamants, et à l'épouse de celui-ci un neuvième des diamants restants.

À son troisième fils, il a légué trois diamants, et à l'épouse de celui-ci un neuvième des diamants restants.

Et ainsi de suite.

La compagne de son plus jeune fils n'a pu que constater qu'il ne restait plus rien pour elle.

Combien de diamants le radjah possédait-il, et quel était le nombre de ses fils ?

12 Ce bambou mesurait 10 m de haut, mais il s'est brisé et son sommet touche maintenant le sol à 3 m de son pied.

À quelle hauteur au-dessus du sol se situe la cassure ?

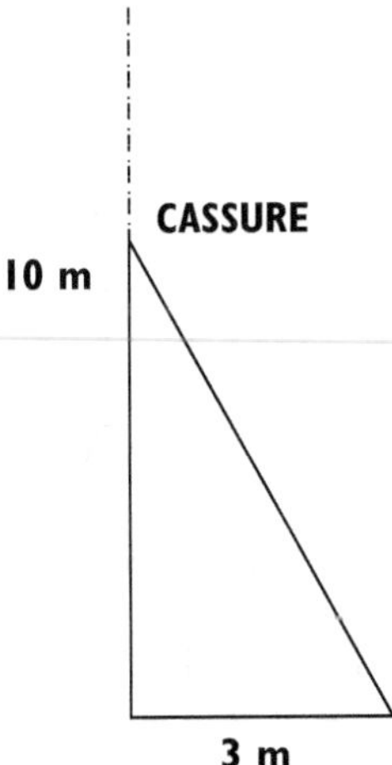

On trouvera un indice page 142.

13)

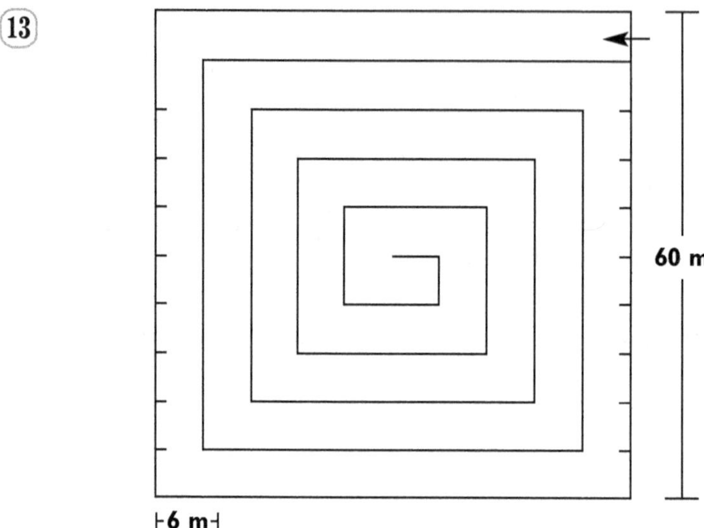

En partant en haut et à droite et en progressant en spirale vers le centre, quelle distance aurez-vous à parcourir ?

On trouvera un indice page 142.

14) L'État du Chaterminator était envahi par les souris. Aussi le roi ordonna-t-il à tous les chats d'exterminer cette vermine.

À la fin de l'année, on fit le décompte des souris mortes et l'on en trouva un total de 1 111 111. On vit aussi que chaque matou avait croqué un même nombre de souris.

Moins de 500 chats avaient participé à cette chasse.

Combien de chats le royaume comptait-t-il ?

On trouvera un indice page 142.

15) Pierre tente de trouver où habite Paul. Il sait que les numéros, dans sa rue, vont de 8 à 100 inclus.

Pierre demande : « Le numéro est-il plus grand que 50 ? » Paul répond en mentant.

Alors Pierre demande : « Est-ce un multiple de 4 ? » Paul répond en mentant de nouveau.

Alors Pierre demande : « S'agit-il d'un carré ? » Paul répond et cette fois dit la vérité.

Alors Pierre demande : « Le premier chiffre est-il un 3 ? » Paul répond (on ne sait pas s'il ment ou dit la vérité).

Pierre donne enfin une réponse… et se trompe.

À quel numéro habite Paul ?

On trouvera un indice page 143.

16 Une femme a sept enfants. En multipliant leurs âges entre eux, on obtient le nombre 6 591.

Sachant qu'aujourd'hui c'est leur anniversaire à tous, combien de triplés y a-t-il et quel est l'âge de chacun des enfants ?

On trouvera un indice page 143.

17 $\sqrt{5}$ est un nombre irrationnel. Ses décimales continuent à l'infini. Si l'on s'en tient à six décimales, on obtient 2,236 068.

Trouvez la valeur de $3/\sqrt{5}$ par un calcul simple.

18 $3\,(230 + t)^2 = 492\,?04$

Quel chiffre doit-on mettre à la place du point d'interrogation ?

On trouvera un indice page 143.

19 Quelles sont les chances de gagner à une loterie de 49 numéros ?

On trouvera un indice page 143.

20 Les couleurs de ce tapis se répartissent ainsi : un tiers noir, un quart rouge, et le reste – soit 8 mètres carrés – jaune.

Quelle est la surface totale de ce tapis ?

La mémoire

La mémoire est le processus qui permet à notre cerveau de stocker et de retrouver des informations. Elle tient une place centrale dans l'apprentissage et la pensée. Les êtres humains ne cessent d'apprendre tout au long de leur vie. Seule une petite partie de cette énorme somme d'informations est sélectionnée et engrangée, et devient ainsi disponible pour être rappelée ultérieurement lorsque nécessaire. Apprendre, c'est acquérir un nouveau savoir, que la mémoire permet de retenir. La combinaison de l'apprentissage et de la mémoire est, par conséquent, la base de toutes nos connaissances et de nos compétences. C'est elle qui nous permet de considérer le passé, d'exister au présent et de planifier l'avenir.

Les psychologues distinguent le souvenir, le rappel, la reconnaissance et la réacquisition.

On a établi l'existence de deux types de mémoire : la mémoire déclarative et la mémoire procédurale. La première concerne tout ce que nous avons vécu sous la forme des informations acquises depuis notre enfance ; c'est la mémoire des faits et des événements, celle, par exemple, des dates d'anniversaire, des numéros de téléphone et des faits historiques.

La seconde est celle des procédures et des savoir-faire. Elle concerne les informations qui nous permettent, par exemple, de conduire une voiture, de lacer nos souliers ou de jouer d'un instrument de musique.

La mémoire déclarative, celle des événements, retient peut-être plus rapidement, mais perd ou oublie plus vite. Celle des savoir-faire peut exiger une pratique répétitive (réapprentissage) ; elle a d'ailleurs tendance à s'améliorer considérablement avec la pratique et l'expérience : c'est en forgeant qu'on devient forgeron.

On sait peu de choses sur la physiologie du stockage en mémoire dans le cerveau. En revanche, on sait que la mémoire n'est pas située en un lieu unique de l'encéphale, qu'elle implique le travail en commun de différents systèmes cérébraux.

Le lobe temporal, situé sous l'os temporal au-dessous de l'oreille, est considéré comme jouant un rôle particulièrement important dans le stockage des événements passés. Il inclut le néocortex temporal dont on pense qu'il peut être impliqué dans la mémoire à long terme. Cette région comporte aussi un groupe de structures interconnectées qui semblent assurer la fonction de la mémoire déclarative. Les recherches donnent à penser que l'un de ces circuits, par l'hippocampe et le thalamus, pourrait être impliqué dans la mémoire de l'espace, tandis qu'un autre circuit, par l'amygdale cérébelleuse et le thalamus, serait responsable de nos souvenirs émotionnels.

La mémoire peut *grosso modo* être divisée en mémoire sensorielle (immédiate), mémoire de travail (à court terme) et mémoire à long terme.

La mémoire sensorielle, ou immédiate, est celle de tous les bruits et événements que notre esprit perçoit comme des tableaux. Il existe une mémoire sensorielle pour les différents types de stimulus reçus par nos sens. Il y a la mémoire iconique pour les stimulus visuels, la mémoire échoïque pour les stimulus auditifs, et la mémoire haptique pour le toucher. La mémoire sensorielle filtre les différents stimulus reçus à un moment donné et ne fait passer dans la mémoire à court terme que ce qui présente un intérêt.

La mémoire de travail, ou à court terme, permet au cerveau d'évaluer la masse des stimulus et informations reçus et sélectionne ce qui doit être retenu et mémorisé et ce qui doit être rejeté. C'est cette partie de la mémoire qui nous permet de nous rappeler temporairement des informations en cours de traitement. Par exemple, quand une personne nous parle, nous ne parvenons à la comprendre qu'à la condition de nous rappeler ce qu'elle a dit depuis le moment où elle a pris la parole.

La mémoire de travail s'effaçant rapidement, sa capacité est limitée. Mais il existe des moyens de l'améliorer. L'une des techniques, par exemple, est la mémorisation par blocs, celle qui fait que nous retenons plus facilement un numéro de téléphone en plusieurs groupes de chiffres, qu'un numéro comportant de nombreux chiffres d'affilée. Cette technique peut permettre une augmentation, même temporaire, de la capacité de mémoire à court terme.

L'un des obstacles à la mémoire de travail, que nous avons tous expérimenté maintes fois, est l'interférence. Cela se produit lorsque notre train de pensées est interrompu, ce qui provoque une perturbation dans le maintien de cette mémoire. Il est donc préférable d'achever aussitôt que possible et sans interruption les tâches qui font appel à la mémoire à court terme.

La mémoire à long terme est destinée au stockage des informations sur une plus longue durée et concerne des éléments tels que des numéros de téléphone, des projets de vacances, des noms et des adresses, et les souvenirs du passé. Les informations de la mémoire de travail sont transférées au bout de quelques secondes à la mémoire à long terme, laquelle est peu sujette à altération.

La mémoire à long terme se subdivise en mémoire épisodique et mémoire sémantique. La première est celle des faits et expériences que nous pouvons rappeler pour reconstruire des événements réels ayant pris place à un moment ou à un autre de notre vie. La seconde est l'enregistrement des savoir-faire que nous avons acquis au cours de notre vie.

Les trois principales fonctions de la mémoire à long terme sont le stockage, l'effacement et le rappel. Une fois qu'un élément d'information lui a été transféré par la mémoire à court terme, il est stocké jusqu'à son rappel. L'effacement est principalement dû à l'altération et à l'interférence. Même si, comme on l'affirme, une fois enregistrées les informations sont inscrites à jamais dans la mémoire à long terme, il peut devenir de plus en plus difficile d'accéder à certaines d'entre elles. C'est pourquoi beaucoup de souvenirs ont besoin d'aide pour revenir.

Il existe beaucoup de techniques pour améliorer la mémoire. Bien que l'on sache encore peu de choses sur ses mécanismes, on s'accorde à reconnaître que plus on l'exerce, plus elle se bonifie. On admet aussi que, s'il est impossible de renforcer les souvenirs passés, on peut en revanche agir pour ce qui concerne les événements présents et à venir. Des techniques existent, tels le rappel actif en cours d'apprentissage, la révision périodique et le surapprentissage au-delà du point de maîtrise. Il existe de plus la mnémonique où l'on se fonde sur des associations et l'imagination pour retenir tel ou tel point particulier.

Il est par conséquent très important de stimuler notre mémoire en s'en servant le plus possible, en acceptant sans cesse de nouveaux défis et en apprenant de nouveaux savoir-faire. Outre qu'ainsi nous enrichissons notre vie, cela peut aussi stimuler les circuits neuraux de notre cerveau, les développer et les renforcer.

Les exercices des pages suivantes n'ont pas été conçus seulement pour tester vos capacités de mémoire. Ils vous aideront aussi à les améliorer en développant vos capacités de concentration, à vous discipliner pour mieux fixer votre attention sur le sujet étudié.

Tests de mémoire

(1) A   F   N   E   I   R   S   U

Étudiez les lettres ci-dessus pendant 60 secondes, puis rendez-vous à la page 79.

(2) Étudiez la grille ci-dessous pendant 2 minutes, puis rendez-vous à la page 79.

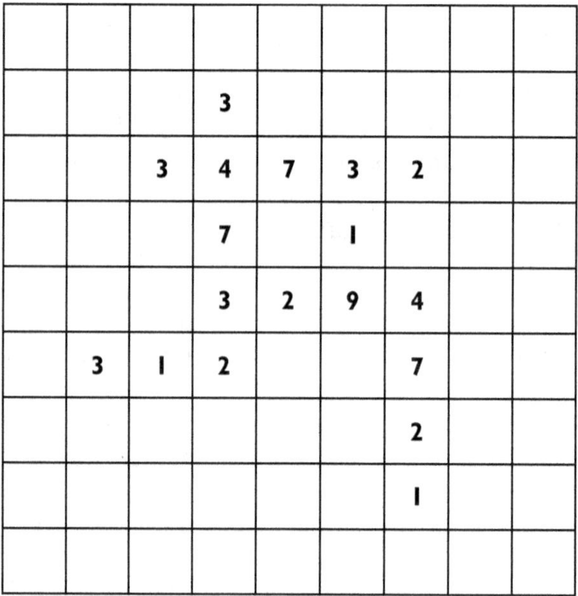

(3) Étudiez les paires de lettres ci-dessous pendant 30 secondes, puis rendez-vous à la page 79.

IT   PI   SA   ED   OU

4

CAMÉRA	NEIGE	MAIN
RADEAU	PENDULE	ÉLÉPHANT
CHAÎNE	ROUE	TREMPLIN
SOURIS	MEULE	POUSSETTE
CHAPELLE	SERVIETTE	TÉLÉPHONE
PLAGE	PAPIER	ALSACIEN
FERMETURE	CHEMINÉE	BROSSE
YACHT	HÔTEL	RIVIÈRE

Étudiez ces douze paires de mots pendant 15 minutes en établissant un lien entre les mots.

Puis rendez-vous à la page 80.

5

AQUARIUM	MARAIS	DRAGON
STÉTHOSCOPE	TANDEM	UNIVERSITÉ
GILET	TOIT	LION
BICYCLETTE	NŒUD	PROJET
CHAMPIGNON	DIAMANT	MARCHE
TROMPETTE	NEPTUNE	RÉSERVOIR
ESPAGNE	LAITUE	TRANSMISSION
RUGBY	BADGE	RÉPUBLIQUE

Comme dans l'exercice 3, il s'agit de tester votre capacité à retenir des paires de mots et à former des associations dans votre mémoire. Étudiez ces douze paires pendant 15 minutes en établissant un lien entre les mots.

Puis rendez-vous à la page 80.

6

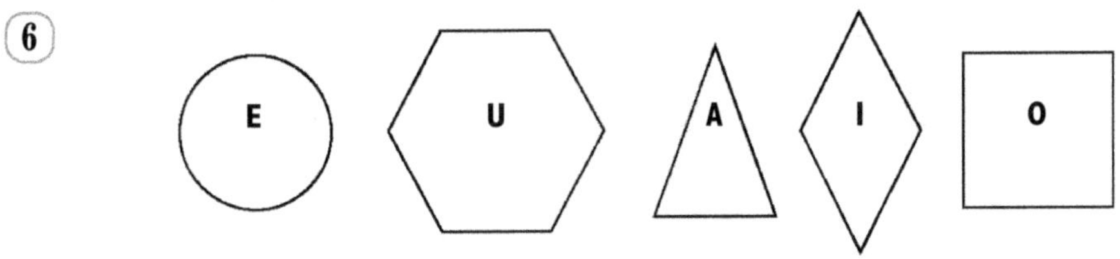

Étudiez les figures ci-dessus, puis rendez-vous à la page 81.

7 Étudiez la grille de lettres ci-dessous pendant 3 minutes.

C	A	R	E	T
A	V	A	L	E
R	A	B	O	T
P	L	A	G	E
E	S	T	E	R

Puis rendez-vous à la page 81.

8 Étudiez la grille ci-dessous pendant 30 secondes.

7	7	7	3	6	6	6	6
7	7	7	3	3	6	I	6
7	9	9	9	3	I	I	6
7	9	2	9	8	I	I	6
4	4	2	9	8	5	5	5
4	4	2	2	8	8	5	8
4	4	2	2	2	8	5	8
4	4	4	4	2	8	8	8

Puis rendez-vous à la page 82.

9 Étudiez ces plaques minéralogiques britanniques pendant 60 secondes, puis rendez-vous à la page 82.

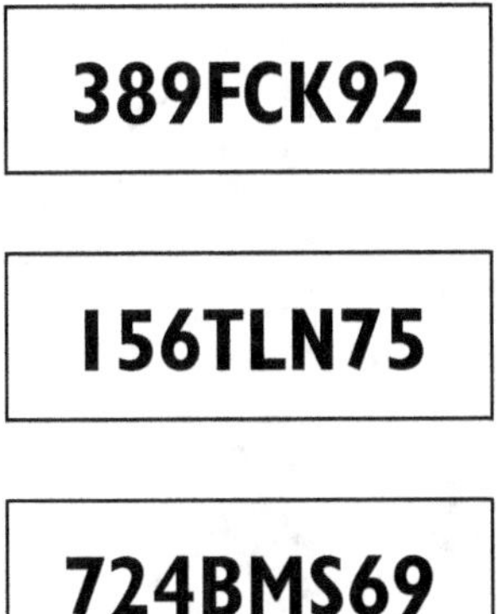

10 Étudiez ces visages pendant 3 minutes, puis rendez-vous à la page 83.

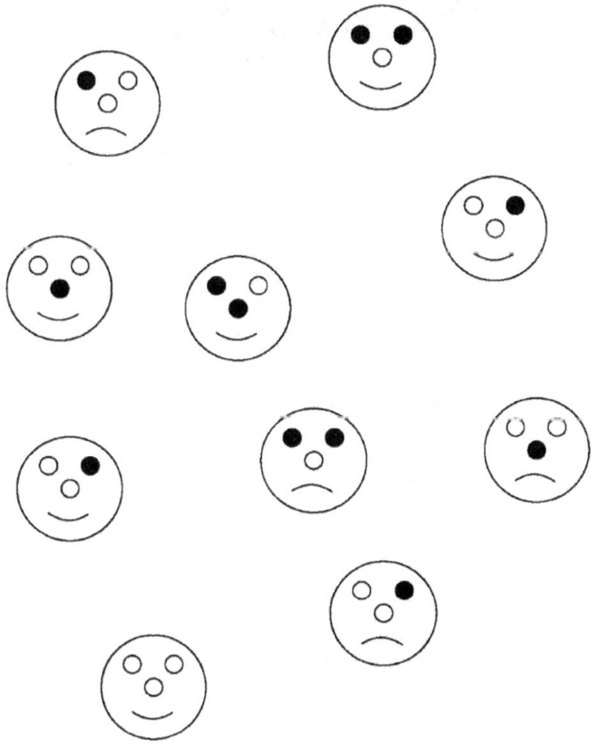

(11) Étudiez cette figure pendant 3 minutes, puis rendez-vous à la page 83.

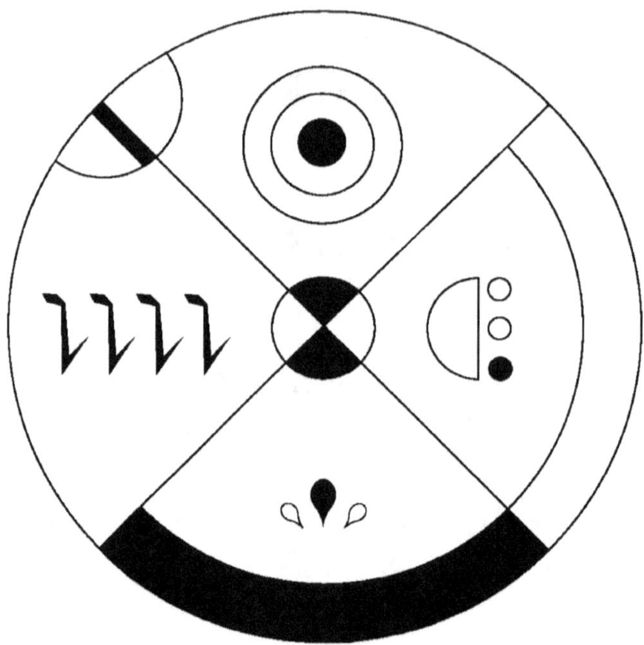

(12) Étudiez les figures ci-dessous pendant 30 secondes, puis rendez-vous à la page 84.

13 Étudiez cette figure pendant 3 minutes, puis rendez-vous à la page 84.

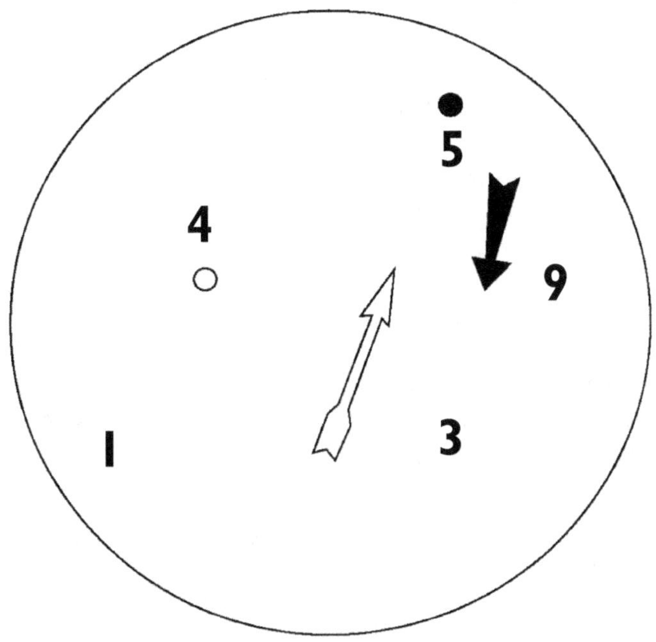

14 Étudiez cette grille pendant 3 minutes, puis rendez-vous à la page 85.

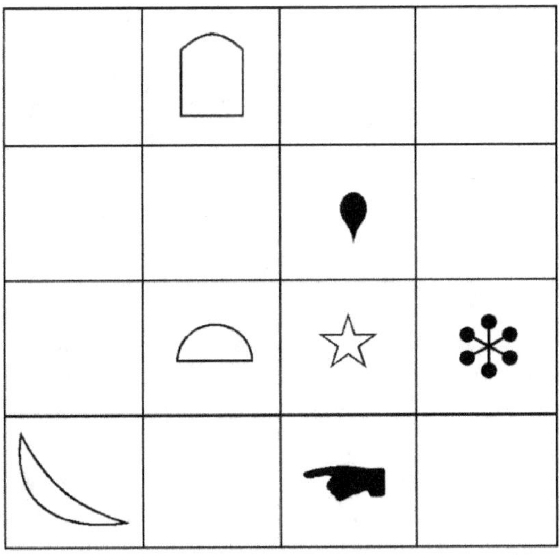

(15) Efforcez-vous de mémoriser le plus grand nombre possible de ces 48 mots en 5 minutes. Puis rendez-vous à la page 85 et répondez aux questions.

ARBRES	**INSTRUMENTS DE MUSIQUE**	**REPTILES**	**BATEAUX**
CHÊNE	FLÛTE	TORTUE	CHALOUPE
ROBINIER	CORNET	COBRA	BARQUE
HÊTRE	GUITARE	GECKO	TRIRÈME
EUCALYPTUS	BASSON	VIPÈRE	FELOUQUE
PEUPLIER	UKULÉLÉ	SERPENT	PAQUEBOT
SAPIN	VIOLON	LÉZARD	SAMPAN

VÉHICULES	**CHIENS**	**PLANTES**	**PAYS**
OMNIBUS	BOULEDOGUE	JASMIN	PANAMA
SCOOTER	LÉVRIER	IRIS	AUSTRALIE
FIACRE	DALMATIEN	ACANTHE	GRÈCE
TAXI	TERRIER	HORTENSIA	POLOGNE
MOTOCYCLETTE	SETTER	BÉGONIA	LITUANIE
AMBULANCE	HUSKY	MIMOSA	RUSSIE

(16) Étudiez la signification de ces 21 prénoms masculins pendant dix minutes. Puis rendez-vous à la page 86 et répondez aux questions.

ADAM – terre rouge	LOUIS – glorieux au combat
BERNARD – force de l'ours	MARTIN – Mars
CLAUDE – boiteux	NICOLAS – victoire
DAVID – ami	OCTAVE – huitième
ÉDOUARD – gardien	PIERRE – roche
FRANÇOIS – homme libre	ROBERT – célébrité
GEOFFROY – paix	STÉPHANE – couronne
HERVÉ – combattant	THOMAS – jumeau
IGNACE – feu	VINCENT – conquérant
JEAN – Jéhovah	WALTER – gouverneur

Questions

1 **(i)** Quel mot peut-on composer avec la 2e, la 4e, la 6e et la 8e lettres ?

(ii) Quelle est la deuxième lettre à gauche de la lettre I ?

(iii) Quelle est la lettre immédiatement à droite de la lettre R ?

(iv) Quel mot peut-on composer avec la 1re, la 3e, la 5e et la 7e lettres ?

(v) Quel mot peut-on composer avec les quatre lettres du milieu en ordre inverse ?

2 **(i)** Lequel de ces nombres se lit verticalement dans la grille ?
5219, 4721, 3842, 2472

(ii) Lequel de ces nombres est lisible horizontalement et verticalement ?
21221, 31972, 32473, 34732, 23194

(iii) Ajoutez le chiffre manquant à ce nombre lisible horizontalement ?
3-94

(iv) Lequel de ces nombres est lisible verticalement ?
319, 312, 219, 329, 712

(v) Lequel de ces nombres est lisible horizontalement ?
213, 132, 321, 312, 231

3 **(i)** Trois des mots ci-dessous peuvent être obtenus par combinaison de deux paires de lettres de la liste. Quels sont ces mots ?

PIED	OURS	PAIN	EDIT
PIRE	SAPE	ITOU	TIRE

(ii) Quelle est, dans la liste d'origine, la seule paire de lettres qui ne se retrouve pas dans les trois mots que vous avez sélectionnés ?

4

POUSSETTE............................	CHAPELLE............................
SERVIETTE............................	PLAGE............................
CAMÉRA............................	CHAÎNE............................
RIVIÈRE............................	CHEMINÉE............................
BROSSE............................	YACHT............................
FERMETURE............................	MEULE............................
SOURIS............................	TREMPLIN............................
ÉLÉPHANT............................	PENDULE............................
RADEAU............................	ROUE............................
MAIN............................	HÔTEL............................
TÉLÉPHONE............................	ALSACIEN............................
NEIGE............................	PAPIER............................

Indiquez par la lettre A une paire, puis par la lettre B une deuxième, et ainsi de suite jusqu'à I, jusqu'à ce que vous ayez accouplé ce que vous pensez être les douze paires de mots originales.

5

UNIVERSITÉ............................	LION............................
AQUARIUM............................	STÉTHOSCOPE............................
TROMPETTE............................	TOIT............................
RÉSERVOIR............................	ESPAGNE............................
GILET............................	LAITUE............................
AQUARIUM............................	NEPTUNE............................
RUGBY............................	TANDEM............................
TRANSMISSION............................	MARAIS............................
DRAGON............................	BADGE............................
NŒUD............................	MARCHE............................
CHAMPIGNON............................	DIAMANT............................
RÉPUBLIQUE............................	PROJET............................

Indiquez par la lettre A une paire, puis par la lettre B une deuxième, et ainsi de suite jusqu'à I, jusqu'à ce que vous ayez accouplé ce que vous pensez être les douze paires de mots originales.

6 **(i)**   Dans quelle forme géométrique se trouve la lettre A ?

(ii)   Quelle est la lettre qui se trouve dans le carré ?

(iii) Quelle est la lettre qui se trouve dans le losange ?

(iv)   Dans quelle forme géométrique se trouve la lettre U ?

(v)   Dans quelle forme géométrique se trouve la lettre E ?

7 **(i)**   Lequel de ces mots figure horizontalement ?
SABOT, ROBOT, RABOT, PAVOT, RAGOT

(ii)   Deux homonymes figurent dans la grille, horizontalement et verticalement. Lesquels ?

(iii) Quel nom de capitale africaine lit-on verticalement ?

(iv)   Complétez ce mot qui apparaît horizontalement :
— — T — R

(v)   Lequel de ces mots figure verticalement ?
CARDE, CARME, CARNE, CARPE, CARTE,

(vi)   Quel mot figure verticalement dans la dernière colonne ?

(vii) Lequel de ces mots figure horizontalement ?
CADET, CARET, CAVET, CAGET, CAPET,

(viii) Lequel de ces mots figure horizontalement ?
LIAGE, ADAGE, LINGE, LIGES, PLAGE

(ix)   Lequel de ces mots figure verticalement ?
TATER, TETER, TETTE, ASTER, RESTE

(x)   En vous fondant sur vos réponses précédentes, jusqu'à quel point pouvez-vous reconstituer la grille d'origine ?

8 En quoi la grille ci-dessous diffère-t-elle de la grille d'origine ?

6	6	6	3	7	7	7	7
6	6	6	3	3	7	1	7
6	9	9	9	3	1	1	7
6	9	2	9	8	1	1	7
4	4	2	9	8	5	5	5
4	4	2	2	8	8	5	8
4	4	2	2	2	8	5	8
4	4	4	4	2	8	8	8

9 Quelles sont les trois plaques que vous venez de regarder ?

156FCK69	**156BLN75**
724BMS75	**724TMS92**
156TLN75	**389FCK92**
724BMS69	**389CLN69**

10 Lequel de ces visages avait un jumeau identique ?

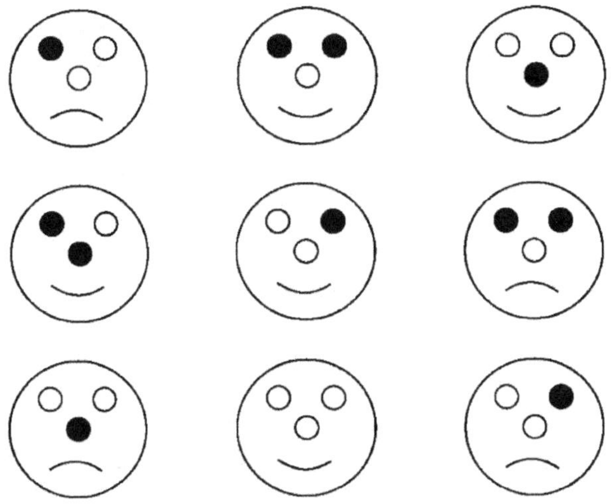

11 Trouvez six différences avec l'original.

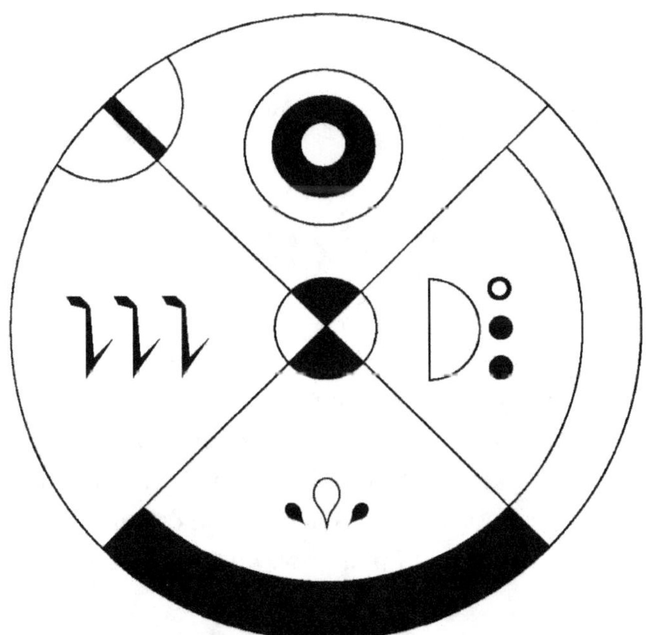

12 Laquelle de ces séquences avez-vous regardée ?

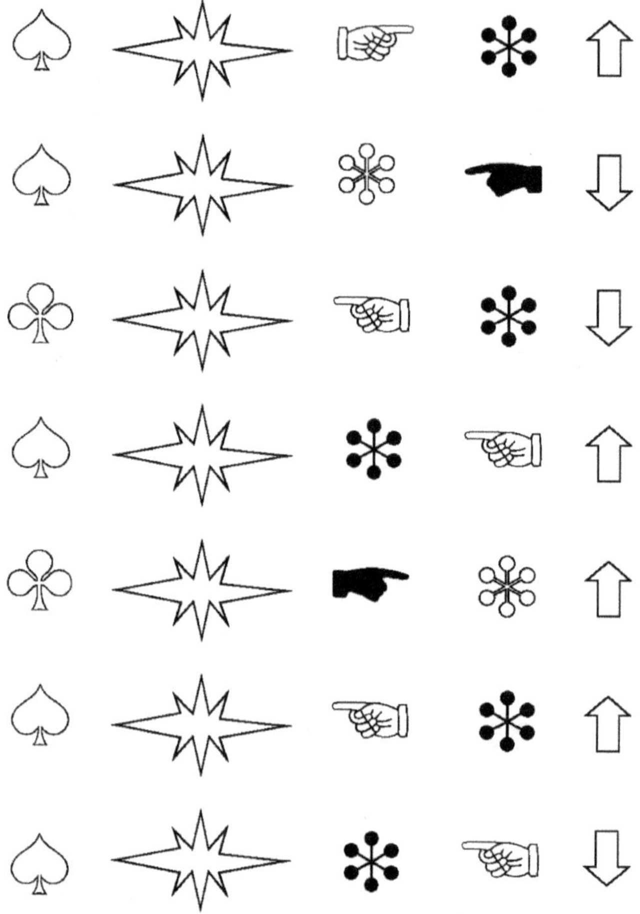

13 **(i)**   Quel est le seul nombre pair dans ce cercle ?

    (ii)   Vers quel nombre la flèche noire est-elle orientée ?

    (iii)   Quel nombre a un point blanc en dessous de lui ?

    (iv)   Vers quel nombre la flèche blanche est-elle orientée ?

    (v)   Quel nombre a un point noir au-dessus de lui ?

14

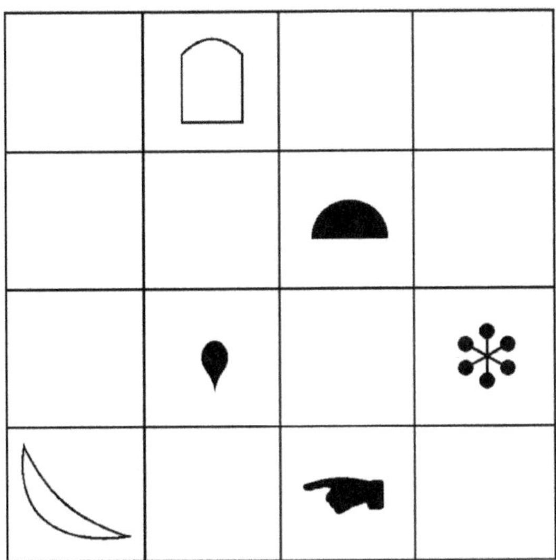

(i) Deux figures ont été interverties. Lesquelles ?

(ii) Une figure est passée du blanc au noir. Laquelle ?

(iii) Dessinez la figure qui a disparu de la grille d'origine.

15

1 Indiquez un arbre et un bateau commençant par C.

2 Indiquez un instrument de musique et un reptile commençant par V.

3 Indiquez un véhicule et un chien commençant par T.

4 Indiquez une plante et un véhicule commençant par A.

5 Indiquez un bateau et un pays commençant par P.

6 Indiquez un arbre et une plante commençant par H.

7 Indiquez un chien et un instrument de musique commençant par B.

8 Indiquez un pays et un arbre commençant par R.

9 Indiquez un reptile et un chien commençant par S.

10 Indiquez une plante et un véhicule commençant par M.

11 Indiquez un véhicule et un bateau commençant par F.

12 Indiquez un pays et un chien commençant par L.

16 Quel est le sens des prénoms masculins suivants :

1. BERNARD
2. FRANÇOIS
3. JEAN
4. WALTER
5. THOMAS
6. MARTIN
7. DAVID
8. ÉDOUARD
9. LOUIS
10. PIERRE

Un esprit rapide

L'une des définitions de l'intelligence fait intervenir la rapidité de la pensée. De fait, la plupart des tests d'intelligence imposent une limite de temps pour leur exécution et, si cette limite de temps n'est pas respectée, le test n'est pas valide. L'aptitude à réfléchir rapidement et en situation de pression est une qualité appréciable dans bien des situations.

La rapidité d'esprit est l'aptitude à penser et à réagir instinctivement dans certaines situations. Tous les tests de ce chapitre sont des épreuves contre la montre où non seulement vous devez soupeser rapidement chaque situation, mais aussi conserver vos moyens tout en subissant la pression du temps.

En psychologie, le terme « test de rapidité » s'applique d'une manière générale à tout exercice destiné à mesurer une aptitude en déterminant le nombre de questions auxquelles on peut effectivement répondre en un temps donné. Selon cette définition, la plupart des tests de quotient intellectuel (QI) sont des tests de rapidité. À l'opposé, le test de capacité mesure une aptitude en se fondant sur le degré de difficulté de la question, sans qu'il y ait pression du temps sur la personne testée.

Dans les pages qui suivent, les questions ne sont pas difficiles en elles-mêmes. Mais, en tant que série à traiter en un temps limité, elles obligent le cerveau à s'adapter d'emblée à la situation et il faut beaucoup de rapidité d'esprit et de concentration pour réussir des scores élevés.

Questions et tests

Test de rapidité (les solutions sont en page 176)

(1) Voici un test de rapidité en 30 questions pour mettre à l'épreuve vos capacités de calcul mental et de logique. Ces questions ne sont pas particulièrement difficiles, mais le temps dont vous disposez est limité.

Vous devrez donc faire preuve de vivacité d'esprit pour réaliser un score élevé. Ce sera d'ailleurs le cas de tous les tests de ce chapitre. Vous devrez également faire appel à vos capacités de concentration et conserver de bout en bout l'esprit clair. Vous devrez porter toute votre attention sur une question à la fois aussi vite que possible.

Vous avez tout juste 60 minutes pour répondre à ces 30 questions.

(i) Deux des mots ci-dessous sont des anagrammes l'un de l'autre. Lesquels ?

ESTIVAL, REALITE, RENTIER, ALTIERE, LAITIER, LISIERE, SALAIRE, ENTIERE

(ii) Si l'on écrit le mot POT au-dessus du mot SEL, et le mot BAR entre les mots SEL et POT, quels mots obtient-on en diagonale ?

(iii) 5632953267846985

Dans la suite ci-dessus, supprimez tous les chiffres qui apparaissent plus d'une fois, et multipliez entre eux ceux qui restent. Quel est le résultat ?

(iv) Quelle lettre de l'alphabet vient en deuxième position avant la cinquième lettre après la troisième lettre suivant le H ?

(v) Si je marche

3 kilomètres vers l'est

puis 1 kilomètre vers le sud

puis 2 kilomètres vers l'est

puis 1 kilomètre vers le sud

puis 1 kilomètre vers l'ouest

puis 2 kilomètres vers le nord

à quelle distance serai-je de mon point de départ ?

(vi) Si j'ai 150 euros et que j'en dépense 30 %, puis encore 65 euros, combien me reste-t-il ?

(vii) Le nom de quelle créature, en 5 lettres, peut-on composer avec des lettres du mot SOMMELIER ?

(viii) Quelle sera la date 45 jours après le 22 mars ?

(ix) Quel est le mot le plus long que l'on puisse composer avec les lettres suivantes ?

PATGEDOR

(x) Un triangle a des côtés de 9 cm, 12 cm et 15 cm. Combien mesure son angle le plus ouvert ?

(xi) Une première voiture parcourt 80 kilomètres. Dans le même temps une seconde voiture, roulant plus vite de 10 km/h, en parcourt 100. Quelle est la vitesse du véhicule le plus rapide ?

(xii) Si Paris a 60 %, Birmingham 70 %, Chartres 75 %, Las Vegas 62,5 % et Perth 80 %, alors quel est le pourcentage de Dusseldorf ?

(xiii) Quelle phrase vous suggère l'arrangement de lettres ci-dessous ?

AST

FKA

BRE

(xiv) Combien de minutes reste-t-il avant 13 heures sachant que, il y a 20 minutes, il était trois fois plus de minutes après 11 heures ?

(xv) Quel nombre est inférieur de 24 au produit de sa multiplication par 4 ?

(xvi) Citez deux pays dont le nom peut être écrit avec des lettres de BAILLONS ?

(xvii)

27	2	9	24
8	16	6	12
13	35	18	1
10	42	21	4

11	27	9	16
28	19	34	8
21	3	17	13
12	15	6	1

Multipliez le troisième nombre impair le plus petit de la grille de droite par le troisième nombre pair le plus grand de la grille de gauche.

(xviii) Vous avez dépensé 1/5 de ce que contenait votre porte-monnaie, puis encore 38 euros, et il vous reste 58 euros. Avec combien d'argent étiez-vous sorti ?

(xix) APLOMB

QUAKER

E**UI*

COUARD

Complétez le troisième mot de cette liste.

(xx) Quels sont, parmi les nombres suivants, ceux dont la somme est égale à 100 ?

36, 42, 35, 26, 29, 34

(xxi) Classez les huit mots suivants par ordre alphabétique.

ACROPOLE

ADEPTE

ACCOMPAGNER

ADMISSION

ACADÉMIQUE

ADDUCTION

ADORATION

ACCORDÉON

(xxii) Quelle est la valeur la plus forte : 4/5 de 190 ou 3/9 de 450 ?

(xxiii) MAMAN RAGE est une anagramme amusante de quel mot de 9 lettres ?

(xxiv) A   B   D   G   K   **?**

Quelle est la lettre qui vient ensuite ?

(xxv) Quel est le nombre manquant ?

1   5   2

4   8   5

2   6   **?**

(xxvi) Quel est le nombre le plus grand : treize mille treize cent treize ou quatorze mille quatre cent quatre ?

(xxvii) La mère d'Annie a trois enfants. Le premier s'appelle Athos, le deuxième s'appelle Aramis. Quel est prénom de son troisième enfant ?

(xxviii) 100, 98, 94, 86, **?**

Quel nombre vient ensuite ?

(xxix) Boris possède un cinquième de plus que Carole, laquelle possède un quart de plus qu'Anne. Ensemble, ils totalisent 105. Combien chacun possède-t-il ?

(xxx) Deux nombres de la colonne A donnent en s'additionnant le même résultat que deux nombres de la colonne B. Lesquels ?

A	B
29	16
14	19
18	29
25	23

Test de séquence visuelle (les solutions sont en page 178)

2 Les séquences proposées dans ce test présentent différents degrés de difficulté et ont été conçues pour éprouver vos capacités créatives et votre vivacité d'esprit. Vous devez déterminer rapidement la nature de chaque séquence.

Il n'est pas proposé de choix entre plusieurs options : vous devez dessiner vous-même la figure manquante en vous fondant uniquement sur ce que vous voyez.

Vous avez 30 minutes pour terminer ces dix exercices.

(i) Dessinez ce que doit être la figure suivante dans cette séquence.

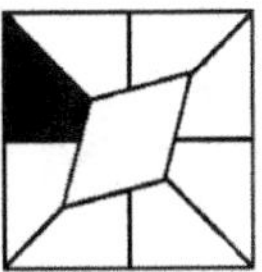  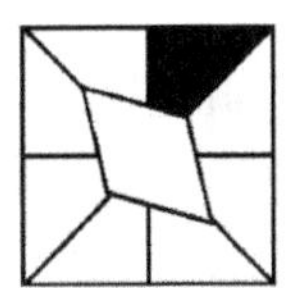 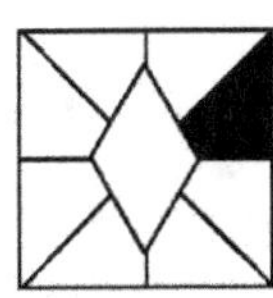

(ii) Dessinez ce que doit être la figure suivante dans cette séquence.

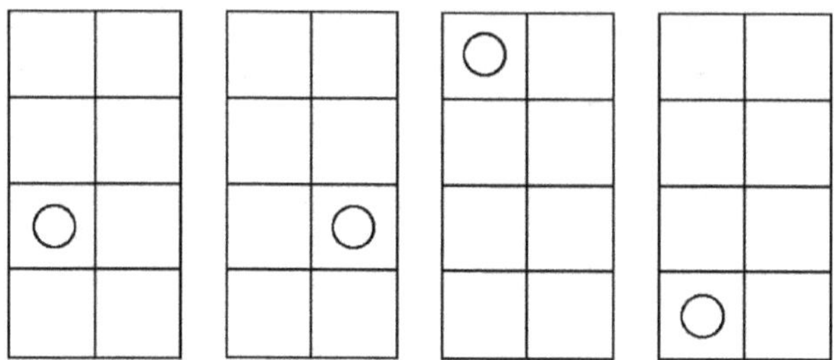

(iii) Dessinez ce que doit être la figure suivante dans cette séquence.

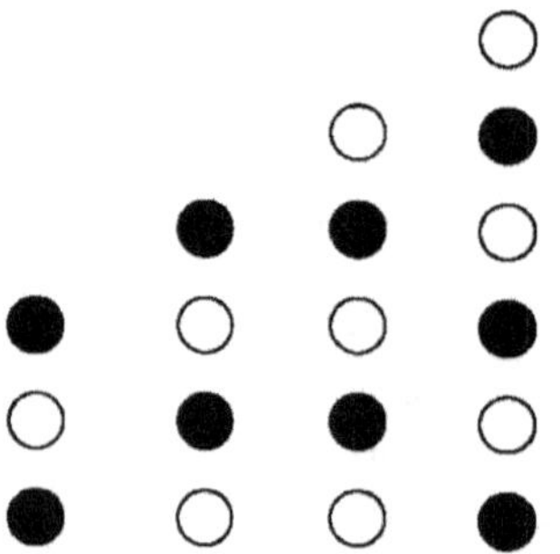

(iv) Dessinez ce que doit être la figure suivante dans cette séquence.

(v) Quelles seront les deux figures suivantes dans cette séquence ?

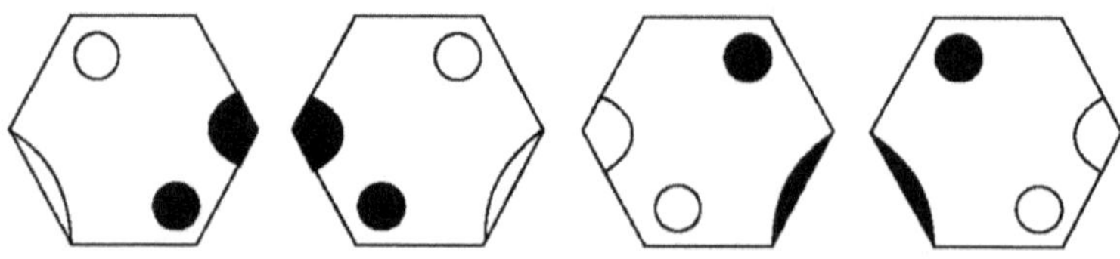

(vi) Complétez les cercles blancs.

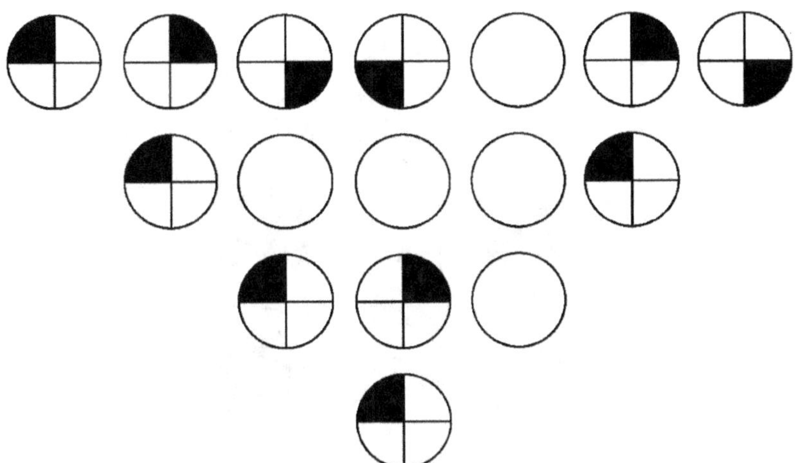

(vii) Quelles seront les deux figures suivantes dans cette séquence ?

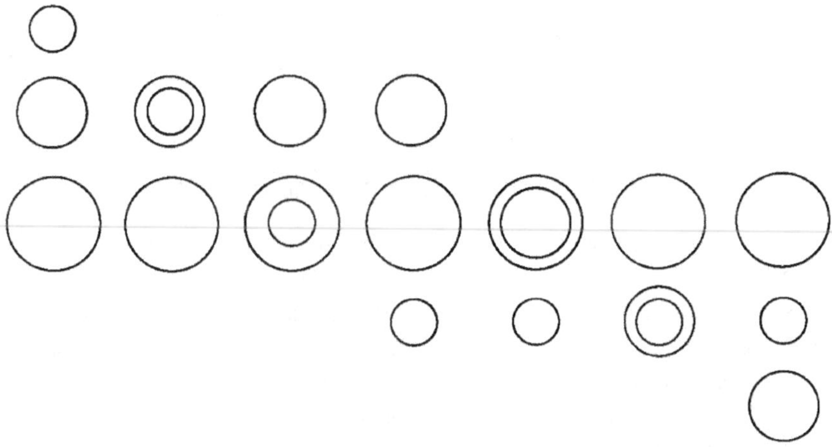

(viii) Dessinez ce que seront les trois cercles blancs suivants.

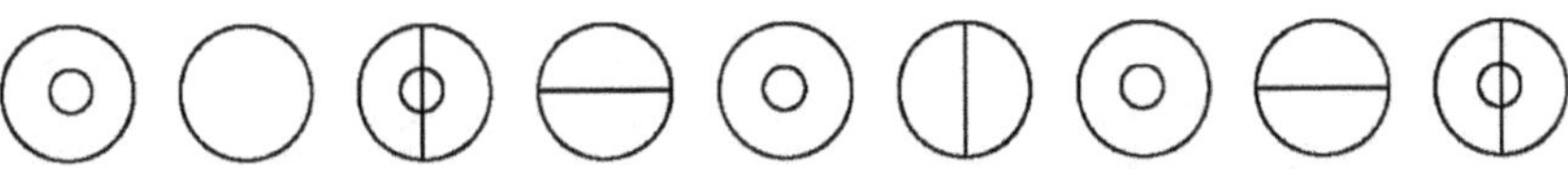

(ix) Dessinez ce que doit être la figure suivante dans cette séquence.

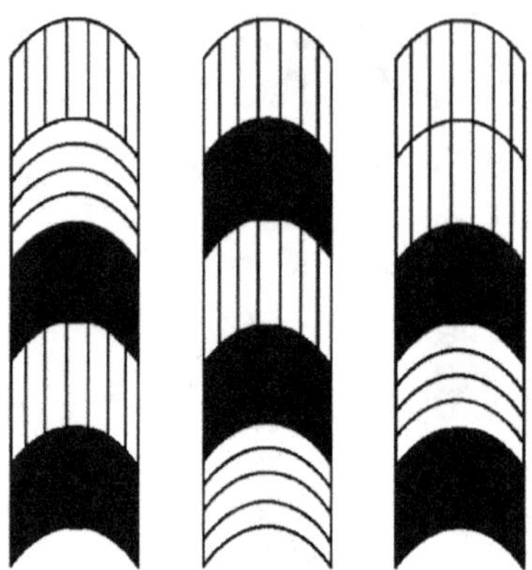

(x) Dessinez ce que doit être la figure suivante dans cette séquence.

Test de calcul mental (les solutions sont en page 181)

3 Le calcul mental n'est plus pratiqué dans les systèmes scolaires actuels comme il l'était autrefois. Cela n'est peut-être pas tout à fait surprenant compte tenu de l'usage généralisé des calculettes et des ordinateurs. Cela dit, taper une opération sur un clavier n'a vraiment rien de stimulant pour les cellules cérébrales. Il y a quelques années, les enfants apprenaient leurs tables de multiplication par cœur et pouvait presque sans réfléchir dire combien faisaient 7 fois 8 ou 6 fois 9. Ce n'est malheureusement plus souvent le cas de nos jours.

Nous n'en pensons pas moins que les capacités de calcul mental présentent encore un attrait pour ceux qui les possèdent, et que c'est aussi un excellent moyen de faire travailler notre cerveau et d'entretenir notre rapidité intellectuelle.

Voici un test de vitesse de calcul mental. Il comporte 30 questions dont la difficulté va croissant. Vous ne devez vous servir d'un papier et d'un crayon que pour noter la réponse et, bien sûr, vous n'avez pas droit aux machines à calculer.

Sachez rester calme tout en allant vite et demandez-vous à chaque fois quel est le moyen le plus rapide et le plus efficace de répondre à ces questions. Tout autant que de rapidité, c'est un test d'ingéniosité car, dans beaucoup de ces calculs, il existe des raccourcis pour parvenir à la solution.

Vous disposez de 45 minutes pour répondre à ces 30 questions.

(i)   Combien font 7 fois 12 ?

(ii)   Combien font 144 divisé par 3 ?

(iii)   Combien font 11 fois 13 ?

(iv)   Comment écrire 70 % sous forme de fraction ?

(v)   Multipliez 8 par 7 et divisez par 4.

(vi)   Divisez 63 par 9 et ajoutez 15.

(vii)   Combien font 20 % de 60 divisé par 3 ?

(viii)   Combien font les 4/5 de 620 ?

(ix)   Combien font 7/8 de 96 plus 17 ?

(x)   Combien font 7 multiplié par 3 et par 4 ?

(xi)   Divisez 156 par 13 et ajoutez 72 multiplié par 3.

(xii)   Multipliez 52 par 21.

(xiii)   Combien font 9 multiplié par 4 multiplié par 3 ?

(xiv)   Combien font 40 % de 120 multiplié par 4 ?

(xv)   Combien font 15 + 19 + 7 + 3 + 14 ?

(xvi)   Multipliez 3 × 16 et ajoutez 43.

(xvii)   Combien font les 7/8 de 56 ?

(xviii) Quelle est la valeur la plus forte : 70 % de 140 ou 45 % de 200 ?

(xix)   Multipliez 8 × 9 × 3.

(xx)   Ajoutez les 3/4 de 36 aux 2/5 de 25.

(xxi)   Multipliez 75 par 13.

(xxii)   Combien font 60 % de 550 ?

(xxiii) Ajoutez 273 à 589.

(xxiv) Ôtez 398 de 957.

(xxv)   Ôtez 864 de 1 296 et multipliez par 2.

(xxvi) Multipliez 56 par 11.

(xxvii) Ôtez les 4/5 de 95 des 3/4 de 160.

(xxviii) Ajoutez 30 % de 270 aux 4/9 de 81.

(xxix) Ajoutez 7 + 58 + 27 et divisez par 4 + 39 +3.

(xxx) Divisez 756 par 18.

(4) Ce test vise à mesurer vos capacités à jongler avec les mots et à les faire rentrer dans une grille de mots croisés. Pour réussir ce test, vous devez loger tous les mots en moins de 30 minutes.

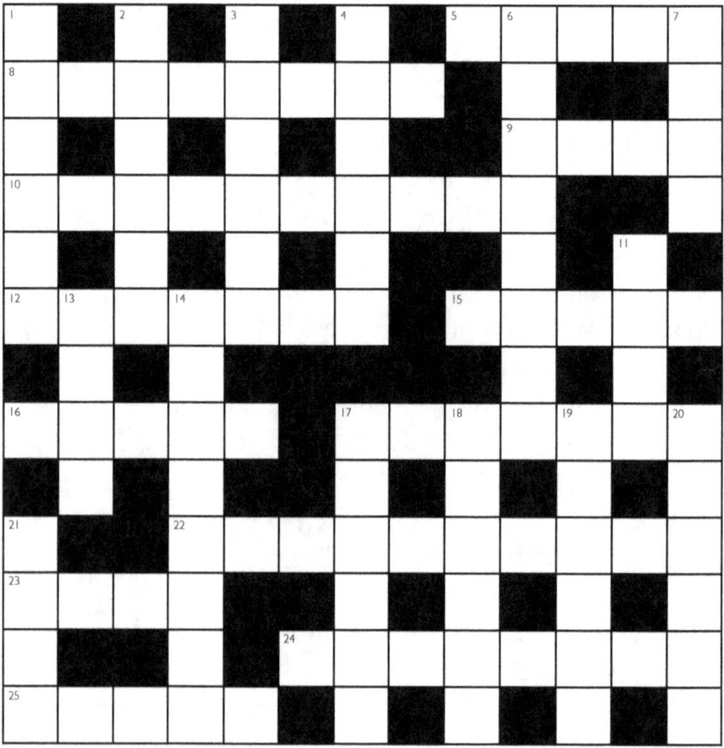

AMANT	EXIT	MANDARIN	DORMEUR
CHALOUPE	CLOCHE	SOIR	OSSU
ORME	URINER	USINE	ÉPATER
AGRUME	AINSI	ASTI	AUJOURD'HUI
CHEMINÉE	THALLIUM	CHAMEAU	ISBA
ÉCHINE	ÉTAPE	LASCAR	
ORCHESTRAL	ACCORD	BOHÈME	

(Solution en page 182)

5 Ce test a été conçu pour mesurer votre aptitude à réfléchir rapidement même en situation de pression et à conserver l'esprit clair tout en assimilant et en suivant les directives. Vous disposez de 20 minutes pour répondre aux 20 questions.

Les réponses sont en page 183.

Classez les lettres par ordre alphabétique, puis les chiffres par ordre croissant.

Par exemple : MP35PZ8K = KMPZ358

(i)	2J986PTL
(ii)	49T7SXL3K
(iii)	93BK4TU7W
(iv)	5PE2Z9LG6
(v)	D8KFG964ZL2P
(vi)	MDZ9NT843JB2

Maintenant, classez les lettres par ordre alphabétique inverse, puis les chiffres par ordre croissant.

(vii)	8D7JBST95L6
(viii)	KF23DJ7PE9W
(ix)	M74PV2S9TKQ
(x)	J2XQJ93UN4G6

Maintenant, classez les lettres par ordre alphabétique inverse, puis les chiffres par ordre décroissant.

(xi)	4CX3YHP79TF
(xii)	2J7KMPB5Q38C4
(xiii)	BN2KPFZ3J9RA7
(xiv)	7WG92M3HRV8L5E

Maintenant, classez d'abord les voyelles par ordre alphabétique puis les consonnes par ordre alphabétique inverse, suivies des chiffres en ordre croissant.

(xv)	FTAJU27KE59
(xvi)	SE5TU79JZG6B
(xvii)	3J2AFWQUH94ET

Maintenant, classez d'abord les consonnes par ordre alphabétique, puis les chiffres impairs par ordre décroissant, puis les voyelles par ordre alphabétique inverse, puis les chiffres pairs par ordre croissant.

(xviii)　M35KPA2JUT749D

(xix)　5TW7ADZE94RQ6B2

(xx)　6KL9AP732CES5UMJ

Test d'habileté verbale mentale
(les réponses sont en page 183)

6 Ce test vise à éprouver et développer vos capacités de mémoire et vos facilités verbales. Regardez chacun de ces groupes de sept lettres pendant 5 secondes seulement, puis éloignez-vous et essayez de résoudre chaque anagramme en 2 minutes sans crayon ni papier.

(i)	LADANSE
(ii)	LEBATON
(iii)	AIRGRUE
(iv)	PASMISE
(v)	UNERIME
(vi)	MACHODUR
(vii)	ETREMUR
(viii)	UNORDRE
(ix)	OURSMER
(x)	VRAILOT
(xi)	RATEMUR
(xii)	BLEUROI
(xiii)	LETANGO
(xiv)	BONBRIE
(xv)	UNTERME
(xvi)	TIREJUS
(xvii)	COTETOC
(xviii)	DUBONOR
(xix)	RESTEUN
(xx)	MONETAU

　　　

(xxi)   FAUXFER

(xxii)   PORTELE

(xxiii)   SERIEOR

(xxiv)   MONPARC

(xxv)   REGIETV

Test de vocabulaire (les réponses sont en page 183)

« Les mots sont comme des feuilles : quand ils sont très abondants, on récolte rarement sous leur couvert beaucoup de fruits du sens. »

Alexander Pope

(7) Il y a beaucoup de plaisir à jouer avec les mots – à les mettre en pièces, à les reconstruire de différentes façons, à les disposer suivant des schémas savants, à leur trouver des sens cachés.

On dit souvent qu'avoir la maîtrise des mots, c'est être capable de retrouver l'ordre dans le chaos, et que le contrôle du vocabulaire est à la mesure de l'intelligence. C'est pourquoi les problèmes de vocabulaire tiennent une grande place dans les tests intellectuels. Cette section vous propose six problèmes de types différents ; avec eux, vous exercerez votre maîtrise des mots et la rapidité de votre esprit à remettre de l'ordre dans le chaos que nous avons créé.

La difficulté de ces problèmes est variable. Afin de faciliter l'évaluation de votre performance, nous suggérons une durée limitée pour chacun d'eux. Si, toutefois, vous ne parvenez pas à découvrir la solution dans le délai imparti, ne vous découragez pas mais persévérez et prenez tout le temps nécessaire. L'objectif principal est ici de vous distraire et de procurer à votre cerveau une bonne séance d'entraînement.

(i)	Mots croisés en énigmes	Temps maximum : 25 minutes
(ii)	Restaurez les voyelles	Temps maximum : 10 minutes
(iii)	Suivez la piste	Temps maximum : 5 minutes
(iv)	Mots croisés alphabétiques	Temps maximum : 20 minutes
(v)	Énigmagramme	Temps maximum : 8 minutes
(vi)	Anagrammes	Temps maximum : 5 minutes

Mots croisés en énigmes

O¹	B	L²	I	G³	E	A⁴	N	T⁵	■	A⁶	■
B	■	O	■	R	■	C	■	O⁷	E	U	F
I⁸	R⁹	I	S	E	■	C	■	L	■	B	■
■	E	■	■	S¹⁰	T	E	R	I	L	E	T
S¹¹	T	U	P	A	■	N	■	E	■	R	■
■	R	■	■	G	■	T¹²	A¹³	R	A	G	E
S¹⁴	A	C	H¹⁵	E	T¹⁶	■	R	■	■	I	■
■	C	■	A	■	U	■	D¹⁷	A	N	S	E
E¹⁸	T	O	U	R	D	I	E	■	■	T	■
■	I	■	S	■	I	■	U¹⁹	N	T²⁰	E	L²¹
P²²	O	I	S	■	E	■	R	■	G	■	Y
■	N	■	E²³	M	U	I	S	I	V	E	S

(i) Cherchez dans la grille ci-dessus les réponses aux 16 énigmes suivantes :

    A On en trouve chez des gens qui pourtant n'en utilisent pas

    B Le rôti, cela ne signifie pas forcément qu'il fournira le couvert

    C Parfois sauteur

    D Appliqué, mais pas sur les bords

    E Une mer qui n'aurait plus d'eau

    F Peut être du milieu

    G Dureras, dureras pas ?

    H Coordonnée et combinée, et pourtant…

    I Fait appel à la force comme à la douceur

    J Idem + 1

    K Une bande dans le désert de Gobi

L Trésorier général du cinquième arrondissement

M Force une poule à produire un sphéroïde

N Chaste mais perverti

O Son cœur n'est pas forcément grec

P Fait le tour de Sedan

Restaurez les voyelles

(ii) Ce dicton a perdu ses voyelles A, E, O, U. Saurez-vous en retrouver le sens ?

LHMMQ   ISITC   MMNTT   RVRTJ   RSDLM
PLILH   MMQIS   ITPRQ   ISRTJ   RSSNP   TRN

Suivez la piste

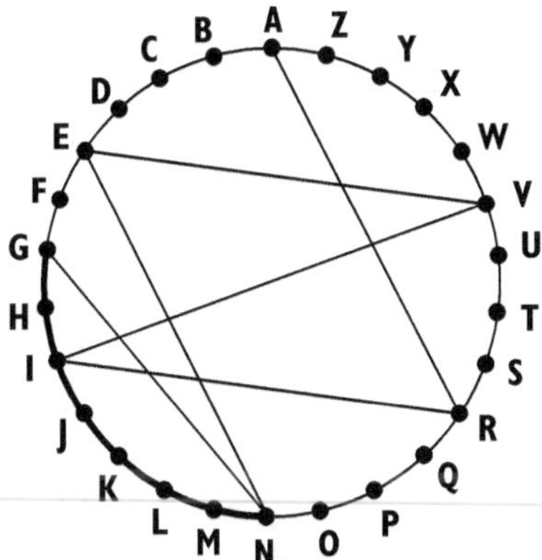

(iii) Un indice : est-ce le but de la course ?
(7 lettres-2 lettres-5 lettres)

Suivez les cordes pour trouver les lettres d'une expression familière en trois mots. Toutefois, lorsqu'une lettre est voisine de la précédente ou qu'elle n'en est séparée que par une, deux ou trois lettres, il faut alors suivre le cercle et non plus une corde.

Mots croisés alphabétiques

(iv) Cette grille contient toutes les lettres de l'alphabet. Deux A et le X ont été placés, ajoutez les 24 autres lettres.

Un esprit rapide

Un indice : qu'en est-il (4 lettres) ?

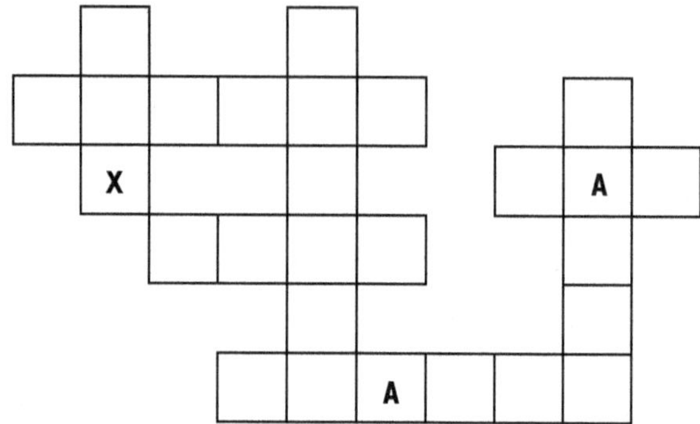

A̶A̶ B C D E F G H I J K L M N O P Q R S T U V W ✗ Y Z

Énigmagramme

(v)

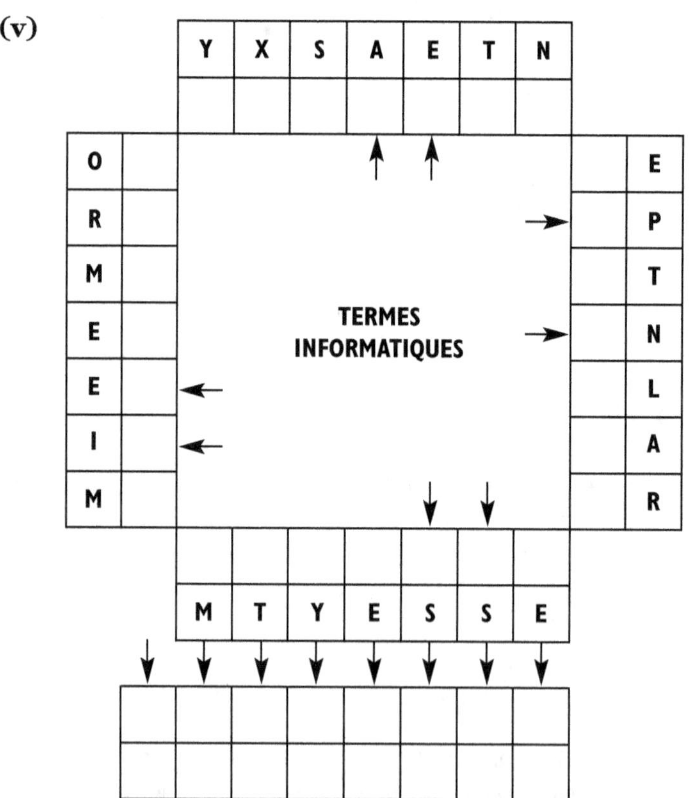

© Éditions d'Organisation

Quatre mots de sept lettres ont été brouillés. Trouvez la solution de ces quatre anagrammes et écrivez-la dans les cases adjacentes. Puis transférez les lettres fléchées vers l'anagramme clé et retrouvez ce cinquième terme informatique.

Anagrammes

(vi) Chaque ensemble de 9 cases peut être redistribué pour former un mot de neuf lettres. Voici, dans le désordre, leur signification.

RESTAURANT

ESSAI

GRADE

TRISTE ET MELANCOLIQUE

	N	E	T	T	E	E	
A	A	I	S	A	C	I	B
	U	N	R	R	F	A	
	H	A	I	B	O	L	
C	L	C	R	N	O	R	D
	E	V	E	L	U	I	

Tests d'intelligence

Par définition, tout test qui vise à mesurer l'intelligence est un test de quotient intellectuel (QI). Il s'agit généralement de séries progressives d'exercices dont chacun a été normé par rapport à des éléments représentatifs de la population. Cette procédure situe le QI moyen à 100.

Les tests de QI font partie de ce qu'on appelle plus généralement les tests psychologiques. Le contenu de ces tests peut concerner presque tous les aspects de notre personnalité intellectuelle ou émotionnelle, de nos sentiments, de nos attitudes, de notre intelligence.

On admet généralement que le QI d'une personne est une caractéristique de nature héréditaire et change très peu au cours de la vie adulte. L'âge mental suit en effet un développement constant jusque vers l'âge de treize ans, après quoi ce développement tend à se ralentir, et l'on ne constate plus ou presque d'amélioration après l'âge de dix-huit ans.

Pour mesurer le QI d'un enfant, on a recours à un test d'intelligence qui a été normé, c'est-à-dire que l'on a établi un score moyen pour chaque tranche d'âge. Un enfant de dix ans ayant obtenu les résultats attendus d'un enfant de douze ans verra donc son QI calculé comme suit :

$$\frac{\text{âge mental (12)}}{\text{âge réel (10)}} \times 100 = \text{QI de 120}$$

Cette méthode, toutefois, ne s'applique pas aux adultes. Ceux-ci doivent être confrontés à un test de QI dont le score moyen est 100. Selon les résultats obtenus, leur quotient pourra se situer au-dessus ou en dessous de cette norme.

Ce chapitre comprend deux tests distincts, de 40 questions chacun. Chaque test est divisé en quatre sous-ensembles de dix questions, portant sur quatre domaines différents : les capacités spatiales, les processus de pensée logique, les capacités verbales et les capacités numériques. Ces quatre volets sont ceux que l'on retrouve le plus souvent dans les tests de quotient intellectuel.

Les exercices qui suivent ont été spécialement compilés pour ce livre et n'ont pas été normés. Par conséquent, ils ne permettent pas la détermination réelle d'un QI. Pour vous aider à repérer vos points forts et vos faiblesses, nous vous proposons néanmoins deux échelles de performance, l'une applicable à chaque sous-groupe de dix questions, l'autre à chaque test complet de 40 questions. C'est cette note globale qui sera le meilleur guide pour vous faire une idée de votre quotient intellectuel.

Pour chaque groupe de dix questions (vous disposez d'un total de 30 minutes) :

10	exceptionnel
8-9	excellent
7	très bon
5-6	bon
4	moyen

Pour chaque test de 40 questions (vous disposez d'un total de 2 heures) :

36-40	exceptionnel
31-35	excellent
25-30	très bon
19-24	bon
14-18	moyen

Le premier test moderne d'intelligence a été conçu en 1905 par les psychologues français Alfred Binet et Théodore Simon. Tous deux ont développé un test en 30 exercices destiné à s'assurer qu'aucun enfant ne pourrait être refusé par le système scolaire parisien sans avoir subi un examen soutenu.

En 1916, le psychologue américain Lewis Terman adapta l'échelle de Binet-Simon de manière à établir des normes de comparaison pour les enfants américains de trois ans jusqu'à l'âge adulte. Terman inventa le terme « quotient intellectuel » et mit au point le test d'intelligence dit de Stanford-Binet pour la mesure du QI après être entré à la faculté de l'université de Stanford en qualité de professeur d'éducation. De nombreuses fois révisé, le test de Stanford-Binet est aujourd'hui l'un des plus largement utilisés de tous les tests d'intelligence existant dans le monde.

Bien que l'on admette généralement la nature héréditaire du QI et sa constance tout au long de la vie, il est possible d'améliorer notre performance aux tests en pratiquant régulièrement les différentes formes d'exercice et de question susceptibles d'être rencontrées.

Les tests de QI sont conçus et utilisés en partant de l'hypothèse que le sujet n'a aucune connaissance de la méthode elle-même, et n'en a que très peu sur le principe des questions au cœur de ces tests. Il s'ensuit que si vous en savez plus sur cette forme d'évaluation et sur la manière d'aborder les différentes questions, vous pouvez augmenter votre résultat global.

Ces 25 ou 30 dernières années, la pratique des tests de QI s'est répandue dans le commerce et l'industrie. En effet, les employeurs veulent s'assurer dès le départ qu'ils mettent la bonne personne à la bonne place. L'une des principales raisons à cela est le coût élevé des erreurs dans notre monde actuel de budgets serrés et de faibles marges bénéficiaires. Pour recruter un nouveau membre d'une équipe, l'employeur doit passer une annonce, étudier chaque candidature, réduire la liste des candidats, conduire des entretiens et enfin former le candidat retenu. S'il se trompe dans son choix, alors il faudra recommencer l'ensemble de cette procédure coûteuse en temps et en argent.

Les employeurs se servent aussi de tests pour déterminer le meilleur emploi d'une personne donnée au sein d'une organisation. Ces tests aident l'employeur et le salarié à faire le point en termes de forces et de faiblesses, ce qui permet de trouver le poste auquel la personne est le mieux adaptée, et aussi de repérer des candidats pour une possible promotion.

Les tests de QI sont conçus pour donner une évaluation objective des capacités du candidat dans un certain nombre de disciplines, par exemple la compréhension de l'expression verbale, la compréhension numérique, les capacités de raisonnement logique et spatial, ou graphique. À la différence des tests de personnalité, qui sont utilisés en conjonction avec eux par les employeurs, ils sont notés et peuvent définir un point limite au-dessus duquel on passe et en dessous duquel on échoue.

L'usage des tests étant très répandu chez les employeurs, le fait d'amélio rer de quelques précieux points votre note de QI peut faire la différence entre la réussite et l'échec lors d'un entretien professionnel comprenant ce genre d'épreuve.

En outre, la pratique d'exercices tels que ceux de ce chapitre apporte au cerveau l'entraînement dont il a besoin. En dépit de l'énorme capacité du cerveau humain, nous n'utilisons en moyenne que 2 % de son potentiel. Il nous est, par conséquent, possible d'accroître considérablement notre performance cérébrale, et la pratique des tests est l'une des méthodes privilégiées pour y parvenir.

Test de QI n° 1

Test spatial (les solutions sont en page 185)

Lisez les instructions relatives à chaque question, et étudiez soigneusement chaque série de diagrammes.

(1)

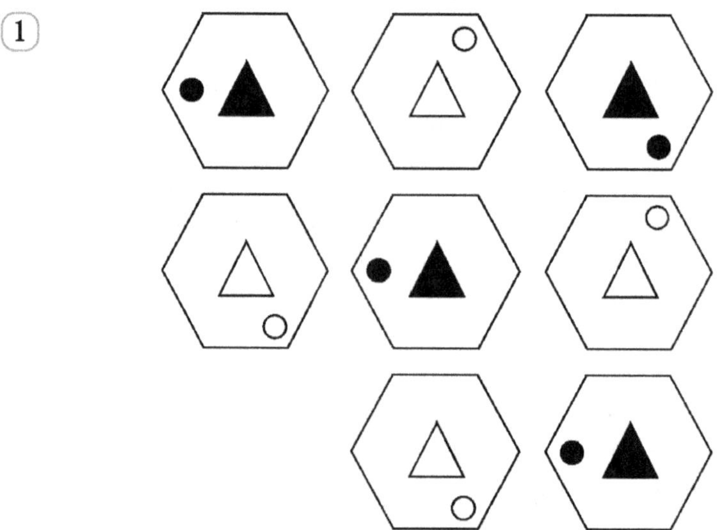

Quel est l'hexagone manquant ?

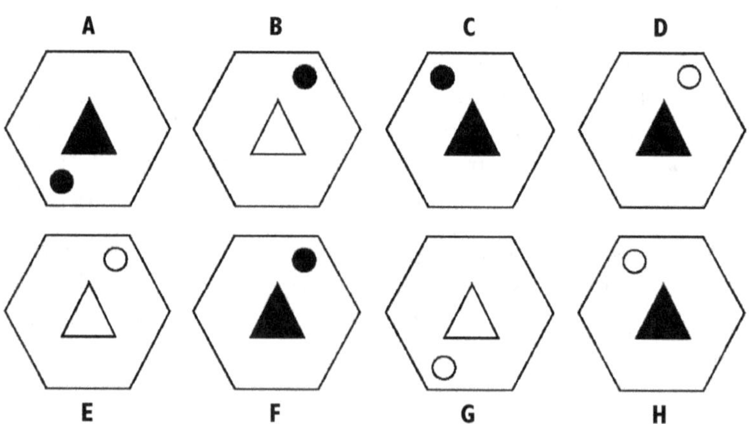

2 Quel est l'intrus ?

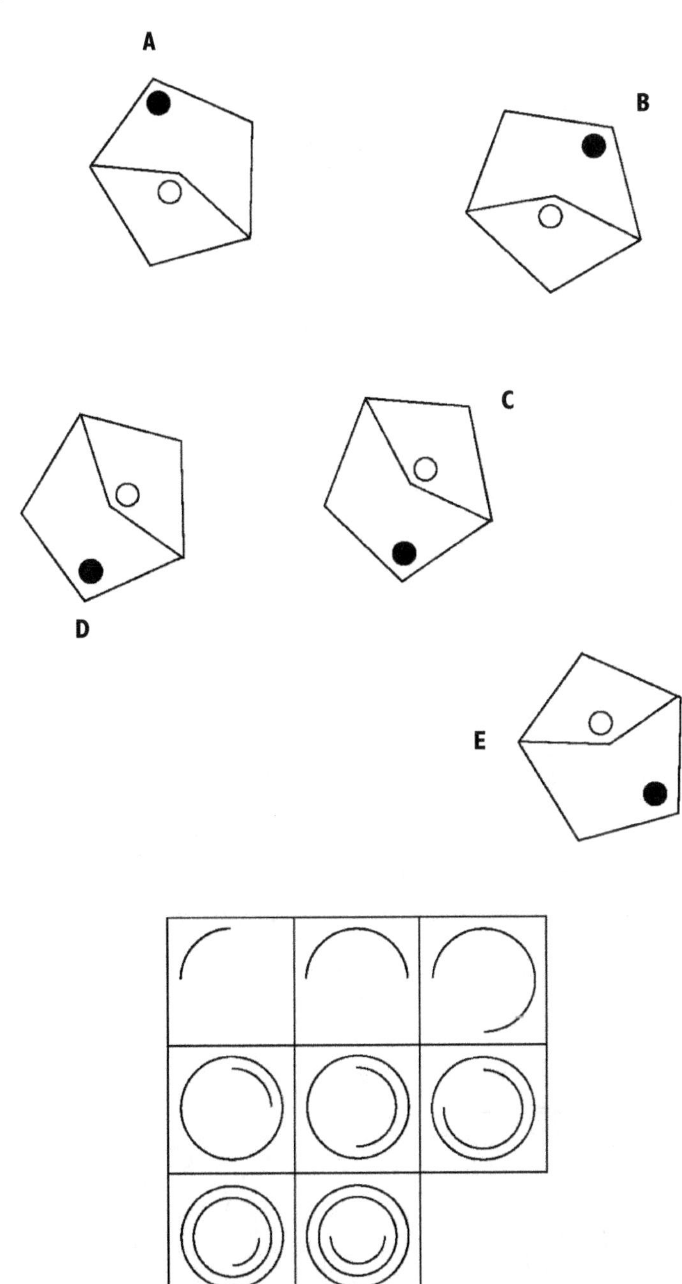

Quelle est la case manquante ?

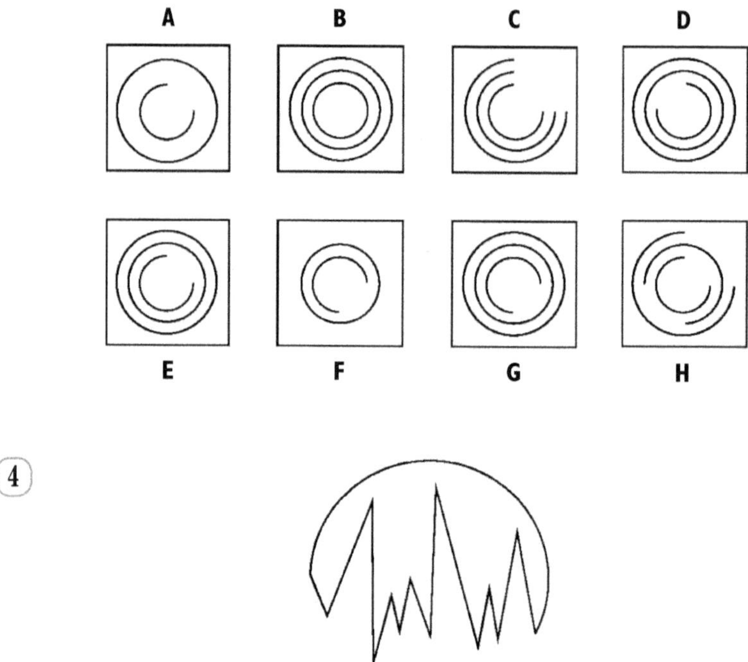

(4)

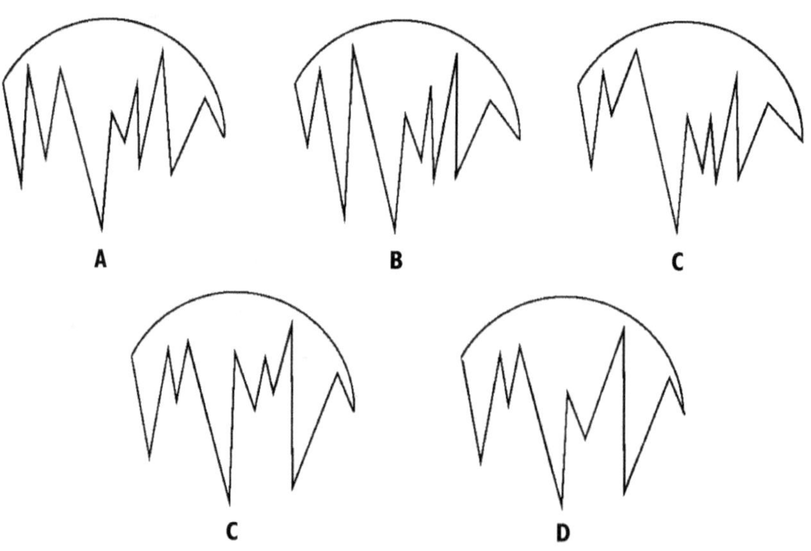

Parmi les propositions ci-dessous, laquelle s'adapte à l'élément ci-dessus pour constituer un cercle parfait ?

5

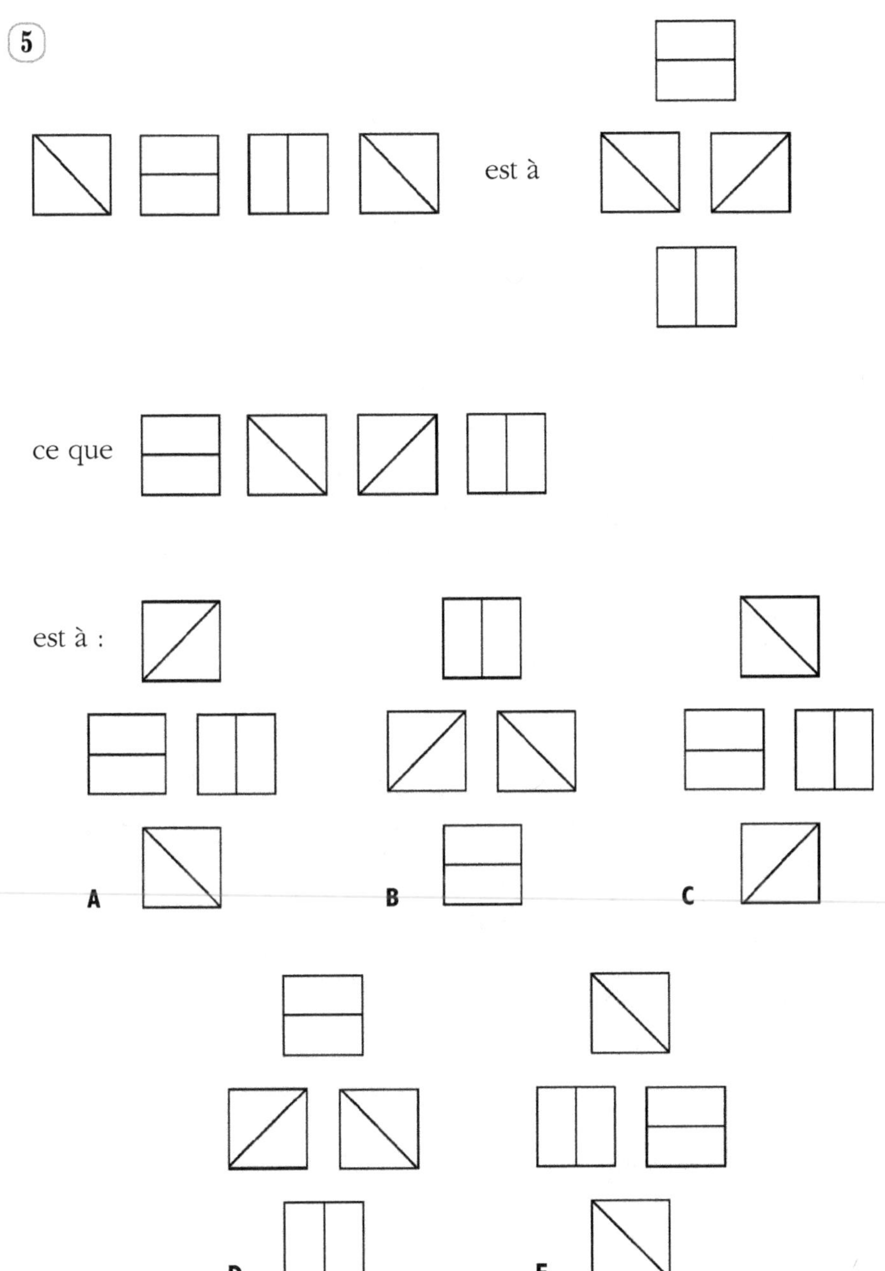

est à

ce que

est à :

A   B   C

D   E

6

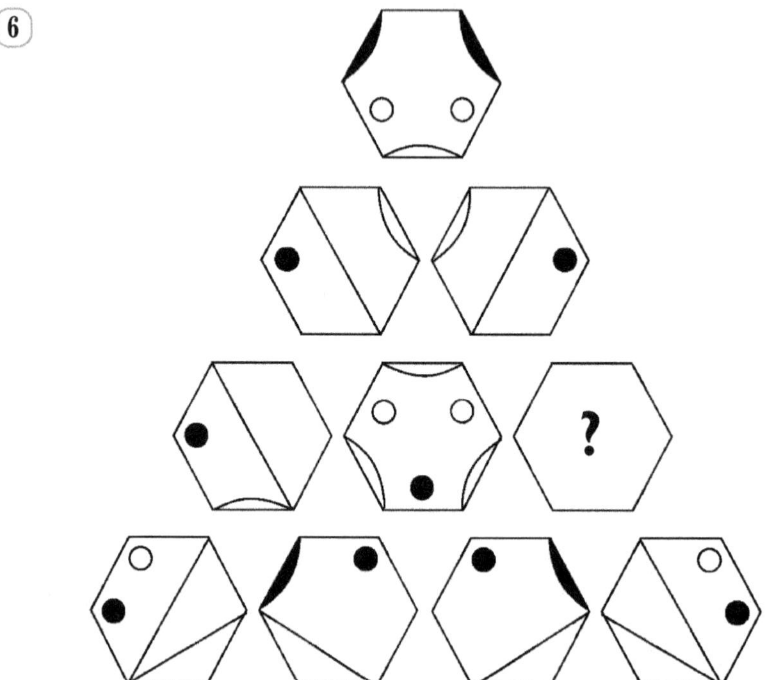

Par quel hexagone remplacer le point d'interrogation ?

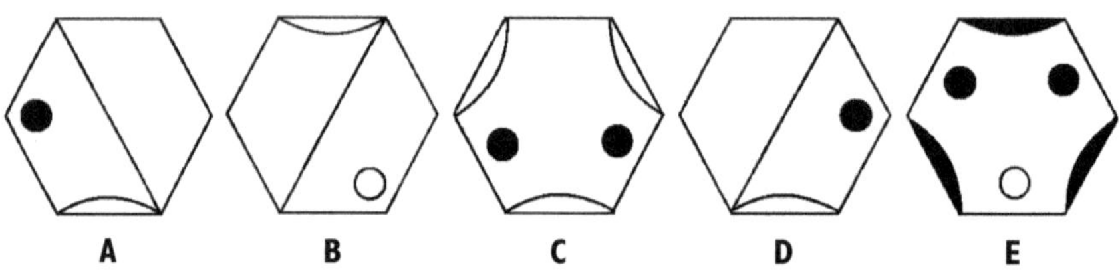

A B C D E

7

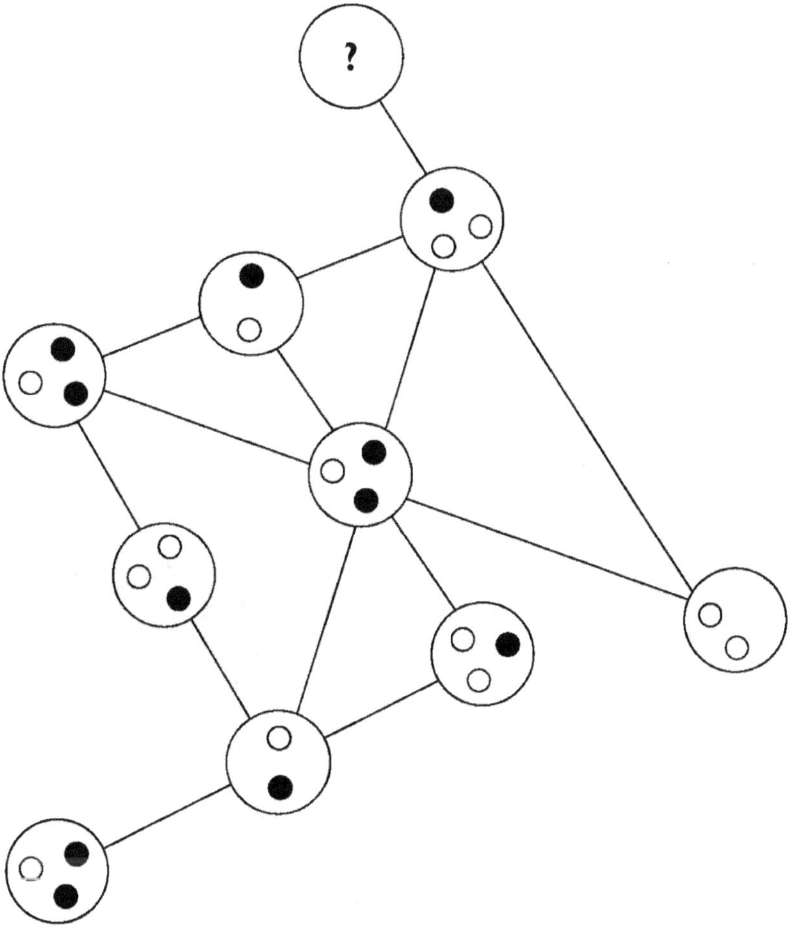

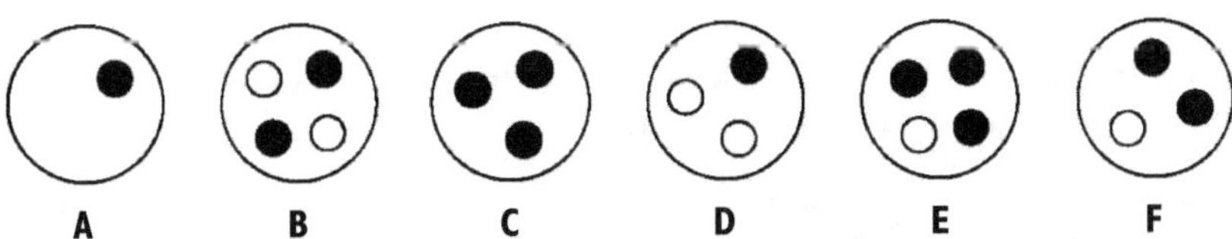

Par quel cercle remplacer le point d'interrogation ?

A B C D E F

8 Quel est l'intrus ?

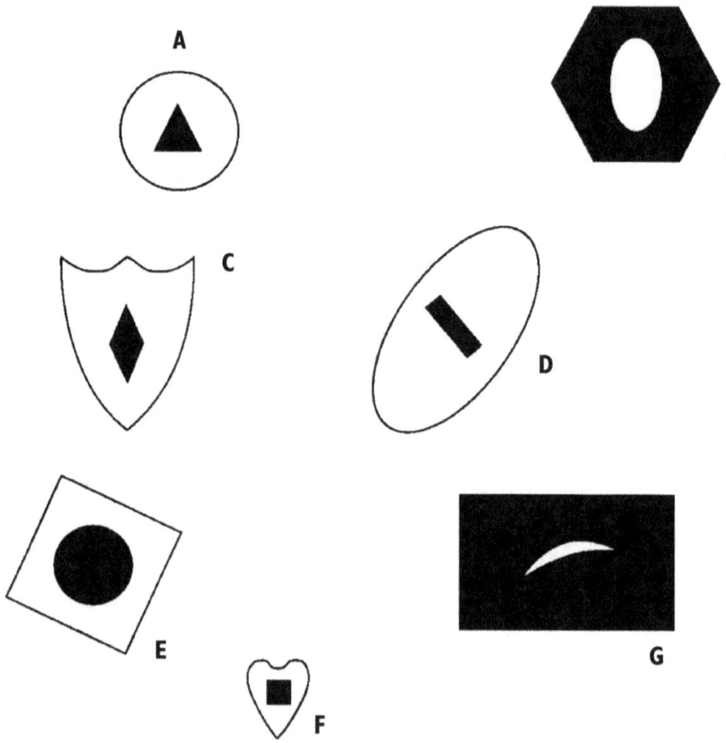

A

B

C

D

E

G

F

9

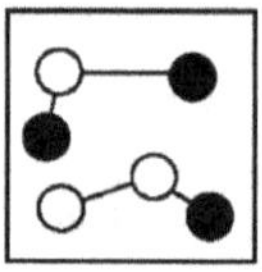

Des cinq propositions ci-dessous, laquelle présente le plus de points communs avec la case ci-dessus ?

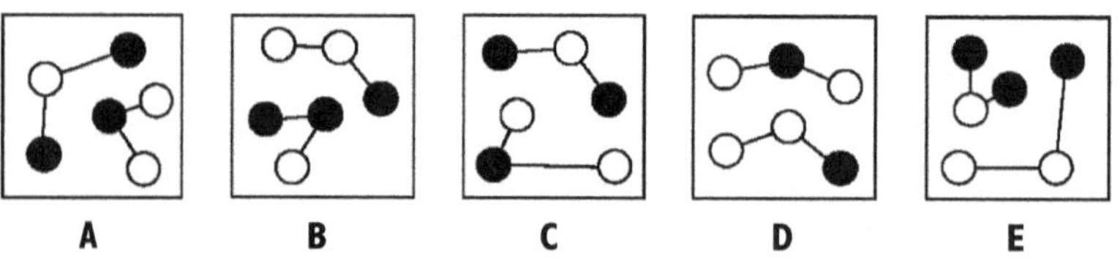

A   B   C   D   E

10

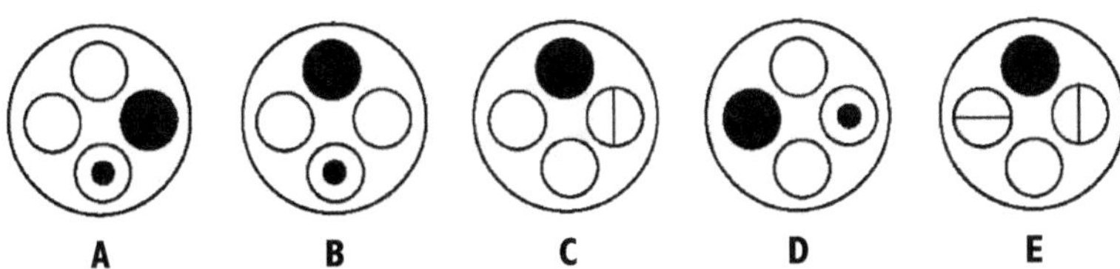

Comment la séquence ci-dessus continue-t-elle ?

A   **B**   **C**   **D**   **E**

Test de logique (les solutions sont en page 186)

1 Qu'est-ce qui apparaît une fois au cours de l'existence, deux fois tous les trente-six du mois, mais jamais dans le temps présent ?

2 Quelle conclusion peut-on tirer des trois assertions suivantes ?

(i) Aucune personne n'est diplômée en biochimie si elle n'est pas passée par cette université.

(ii) Aucune personne de plus de trente ans ne parle l'espagnol et le breton.

(iii) Les personnes qui ne parlent pas l'espagnol et le breton ne sont pas passées par cette université.

3 1 739 482

8 492 371

7 321 948

Quel le nombre qui continue cette séquence

4 À midi, ma montre indiquait l'heure exacte, mais ensuite la pile a commencé à faiblir de plus en plus jusqu'à tomber en panne.

Entre midi et l'heure où elle s'est arrêtée, ma montre a perdu en moyenne 14 minutes par heure.

Elle marque maintenant 15 h 50, mais il y a cinq heures qu'elle s'est arrêtée.

Quelle heure est-il actuellement ?

5 Trouvez les nombres manquants.

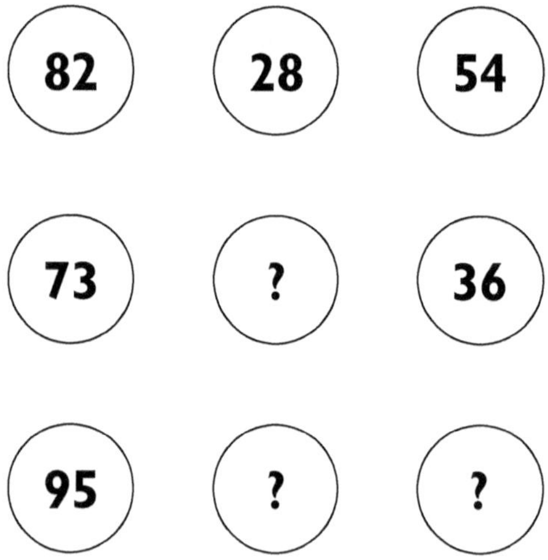

6 Où placeriez-vous les lettres B, G et L dans cette grille ?

						K		
D								
	E							
			I					
C		H						
				J				
A	F							

7 Les mots ci-dessous suivent une progression logique :

FRANC

EXAMEN

PAPRIKA

CABERNET

Quel est le mot qui vient ensuite ?

MARAUDEUR, VANILLIER, CONSCIENT, MACHIN, RETICENCE, VENTOUSE

8 Dans ma poche, toutes les pièces sauf quatre ont une valeur de 10 centimes, toutes sauf quatre ont une valeur de 2 euros, toutes sauf quatre ont une valeur de 50 centimes, toutes les pièces sauf quatre ont une valeur de 5 centimes et toutes sauf quatre ont une valeur de 1 euro.

Combien d'argent ai-je dans ma poche ?

9 Trouvez les chiffres manquants.

3	6	8
4	1	9
7	8	7

2	8	3
6	5	8
9	4	1

1	7	4
6	9	8
?	?	?

10 Trouvez l'intrus.

BRCH

DEFT

HIER

IMME

JAIR

LULE

LAGE

MOTE

NOOU

Test verbal (les solutions sont en page 188)

(1) Problème est à difficulté ce que dilemme est à :

ÉNIGME, IMBROGLIO, ALTERNATIVE, DOUTE, EMBARRAS, QUESTION

(2) Lequel des mots de la parenthèse a le sens le plus proche du mot en majuscules ?

BANAL (BON MARCHÉ, COMMUN, MORNE, MÉCONNU, BAS)

(3) PETIT BONHEUR est l'anagramme de deux mots au sens proche. Lesquels ?

(4) Complétez ces cercles de façon à obtenir deux mots de sens opposé, l'un se lisant dans les sens des aiguilles d'une montre, l'autre dans le sens inverse.

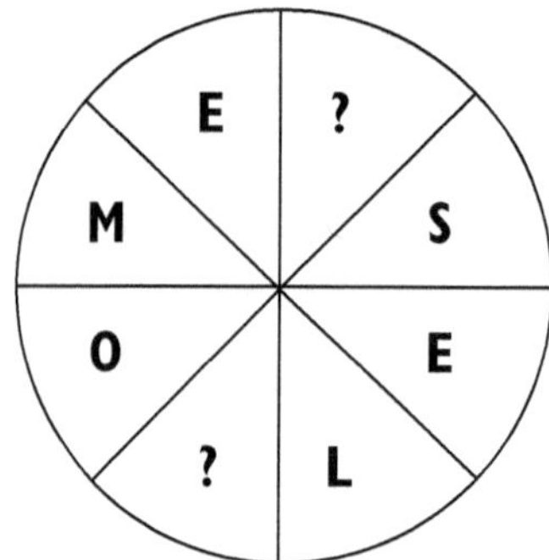

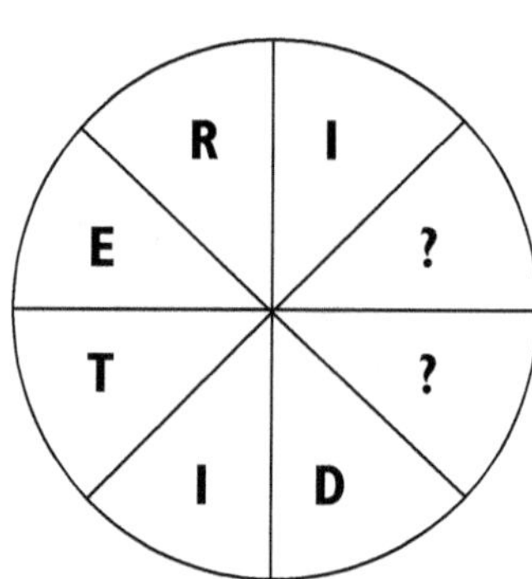

(5) Laquelle de ces anagrammes n'est pas celle d'un État ?

GENE PAS

UN SODA

CANE OIE

AMI RECU

TETE LION

6 Remplacez les astérisques par deux lettres de telle sorte que celles-ci terminent le premier mot et commence le second. Mises à la suite les unes des autres, ces paires de lettres composent un mot.

PL (**) SE

BE (**) RE

AC (**) UR

AR (**) TS

7 Seul l'un de ces groupes de lettres peut être réorganisé pour donner un mot français de cinq lettres. Lequel ?

EGIPO HAUNE LEMUC

PTABE PLUNO MITOL

DILOC OLNEF

8 Quels sont les deux mots dont le sens est le plus opposé ?

PRÉCIS, ÉRUDIT, ATTARDÉ, IGNORANT, ALÉATOIRE, INSIGNIFIANT

9 En tournant dans le sens des aiguilles d'une montre, prenez une lettre de chaque cercle de façon à composer deux mots de sens proche. Ces mots commencent dans des cercles différents, et chaque lettre ne sert qu'une seule fois.

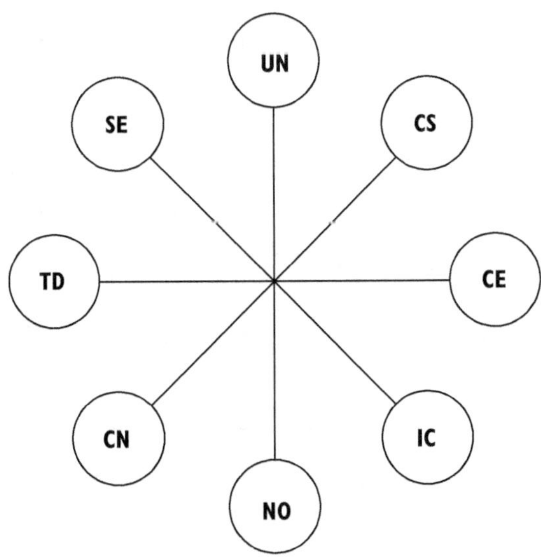

10 Trouvez la case de départ puis avancez de case en case horizontalement, verticalement ou en diagonale, de façon à retrouver une phrase de 17 lettres. Chaque lettre ne sert qu'une seule fois.

E	M	N			
S	C	U			
S	A	U	U	A	I
			G	O	N
			J	E	T

Test numérique (les solutions sont en page 189)

Vous pouvez utiliser une calculette à votre gré.

1 Quel est le nombre qui vient ensuite ?

6, 20, 62, 188, ?

2 Combien de minutes reste-t-il avant midi sachant que, il y a cinq minutes, il était quatre fois plus de minutes après 9 heures ?

3 Henri a payé un quart de plus que Richard, et Richard un tiers de plus que Thomas. Pour les trois, l'addition s'élevait à 240 euros. Combien chacun a-t-il payé ?

4 Par quel nombre remplacer le point d'interrogation ?

6			1			6	
7	4		8	3		?	8
1	9		2	7		1	2

5

14	9	22	7	1
26	6	28	10	3
4	19	2	36	24
16	5	11	8	5
13	18	44	20	12

Quel est le nombre qui se trouve à deux cases de lui-même plus 2, à trois cases de lui-même divisé par 2, à une case de lui-même moins deux et à trois cases de lui-même multiplié par 2 ?

6 Par quels nombres remplacer les points d'interrogation ?

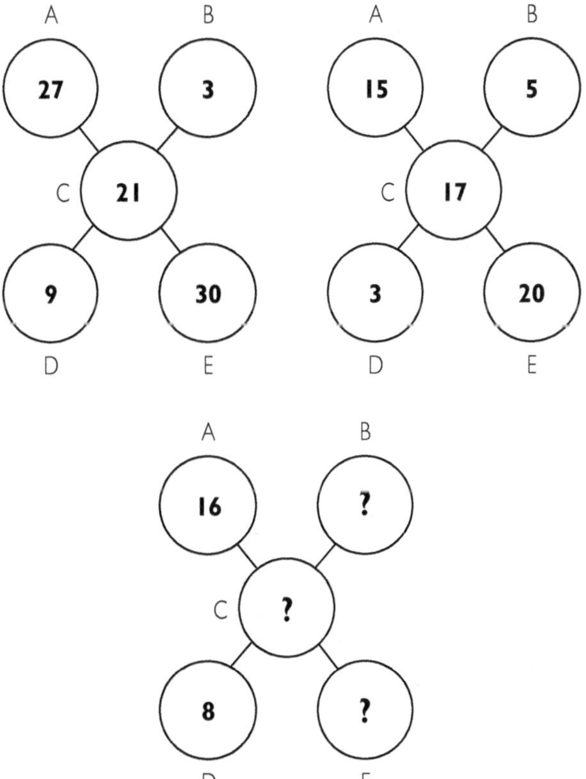

7 Insérez dans les cercles les nombres de 1 à 6 de telle sorte que, pour chacun de ces cercles, la somme des nombres qui lui sont directement reliés soit égale à la valeur correspondante dans la liste.

Par exemple :

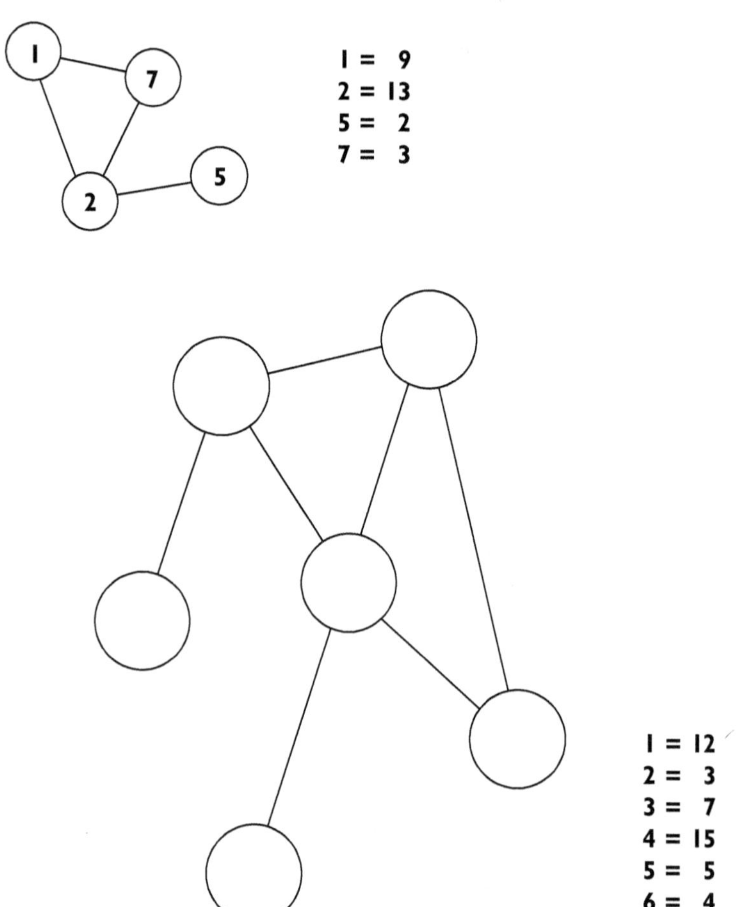

8 Un batteur marque 11 points, ce qui fait baisser sa moyenne pour la saison de 24 à 23 points par tour de batte. Combien de points lui aurait-il fallu pour faire passer sa moyenne de 24 à 27 ?

(9) Par quels nombres remplacer les points d'interrogation ?

A	B	C	D	E
5	4	9	3	5
8	14	9	10	12
22	17	26	20	19
39	48	36	41	46
?	?	?	?	?

(10)   1   1   4   9   7   17   10   25   ?   ?

Quels sont les deux nombres manquants ?

Test de QI n° 2

Test spatial (les solutions sont en page 192)

(1) Par quoi devrait-on remplacer le point d'interrogation ?

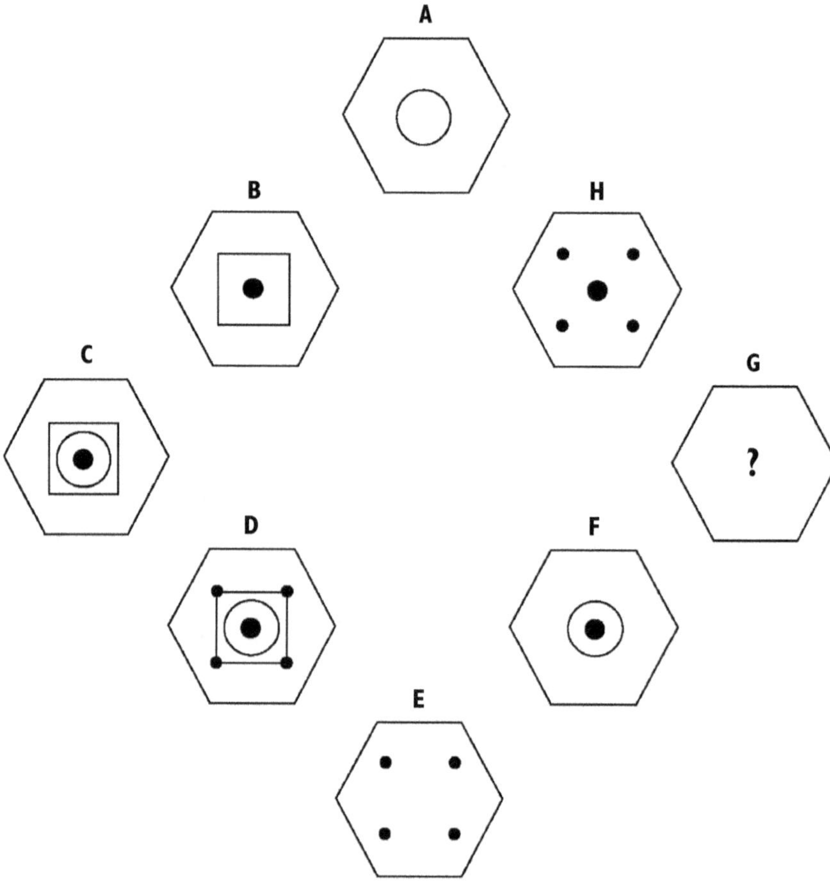

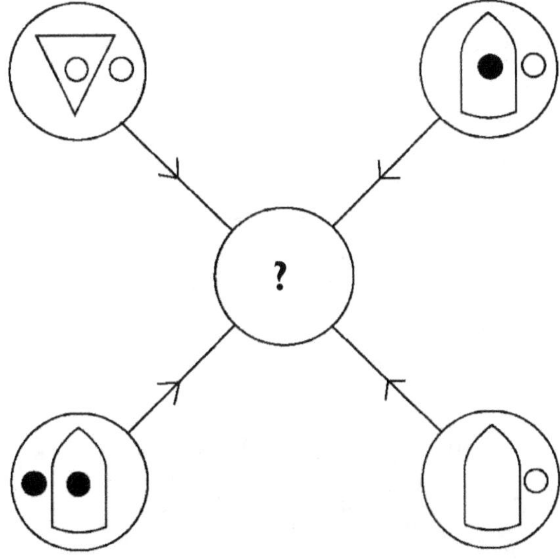

Chaque élément des cercles extérieurs doit être transféré dans le cercle intérieur en respectant les règles suivantes :

Si un élément apparaît dans les cercles extérieurs

une fois	il est transféré
deux fois	il peut être transféré
trois fois	il est transféré
quatre fois	il n'est pas transféré

Laquelle des propositions ci-dessous correspond à ce qui doit apparaître dans le cercle central ?

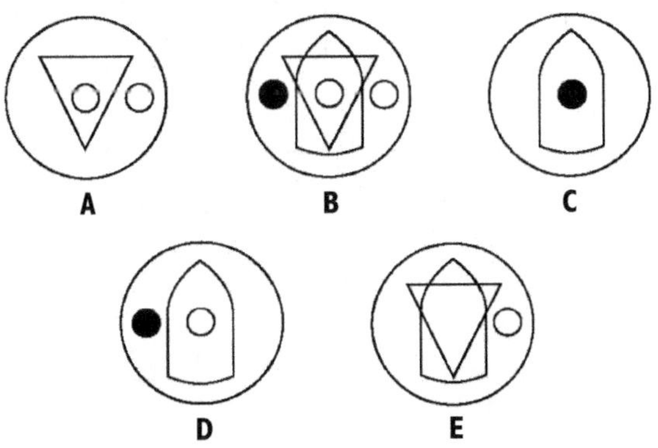

(3) Chacune des neuf cases de cette grille, de 1A à 3C, doit présenter les mêmes lignes ou signes que les deux cases correspondant à ses coordonnées. Par exemple, 3B doit présenter l'ensemble des lignes et symboles visibles dans les cases 3 et B.

Pourtant, l'une de ces neuf cases n'est pas correcte. Laquelle ?

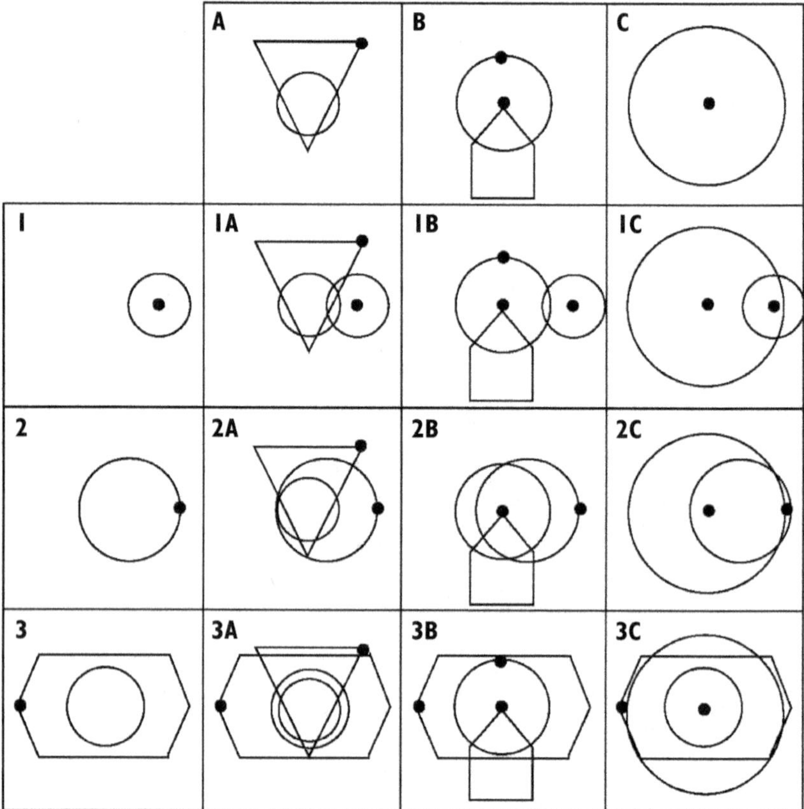

4 Par quel hexagone remplacer le point d'interrogation ?

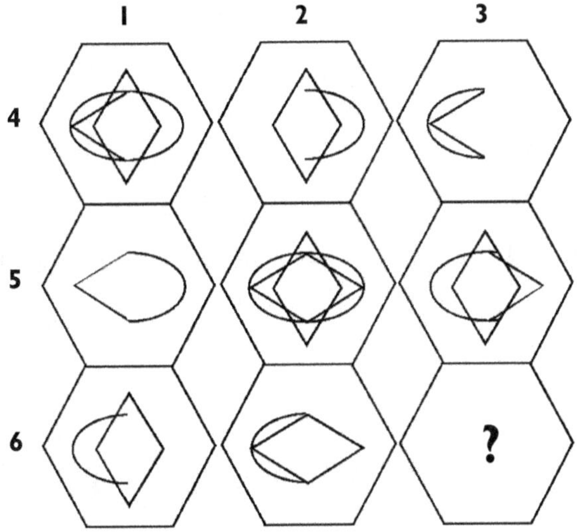

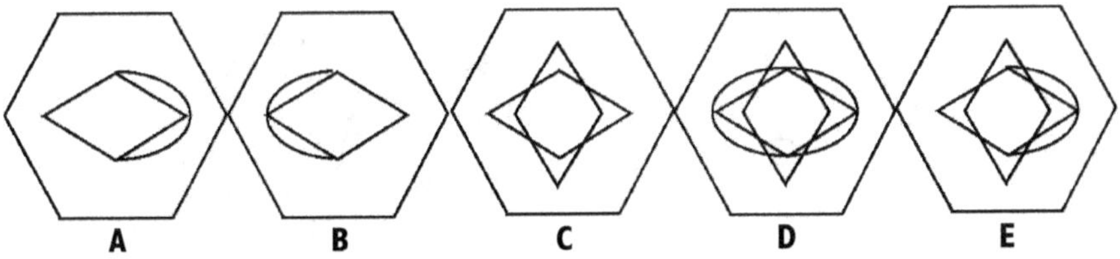

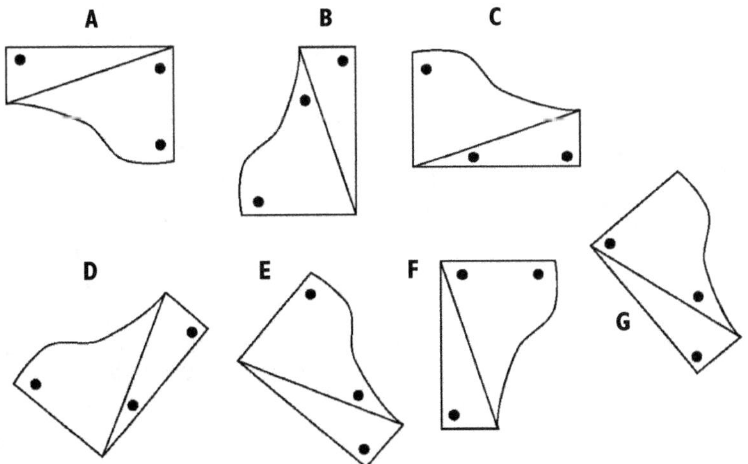

5 Quel est l'intrus ?

6 Quelle figure vient ensuite, A, B, C ou D ?

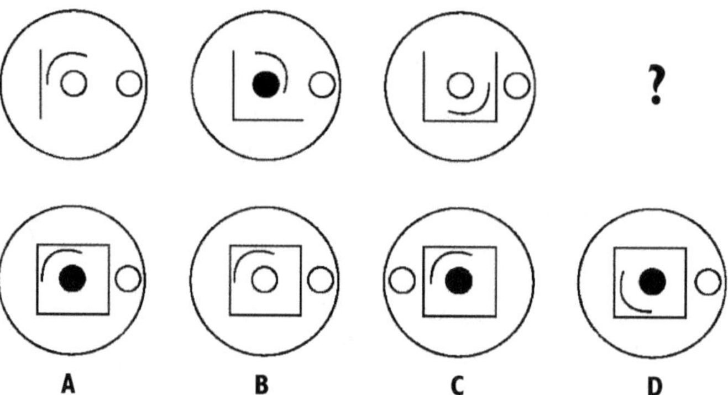

A   **B**   **C**   **D**

7 Par quel pentagone remplacer le point d'interrogation ?

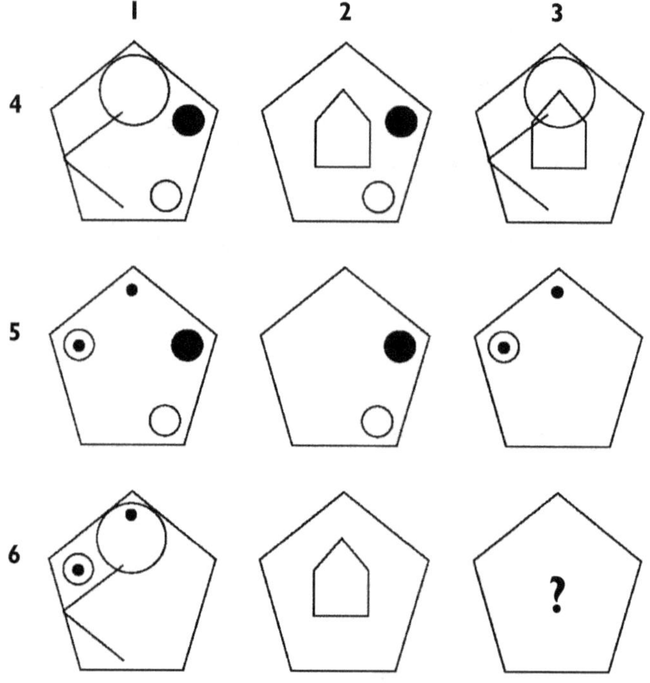

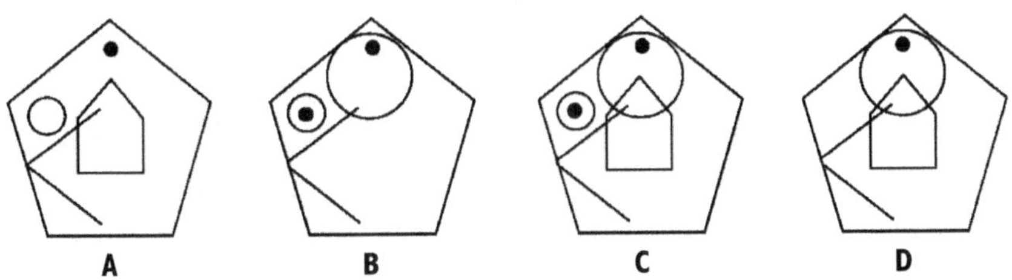

8 Par quel hexagone remplacer le point d'interrogation ?

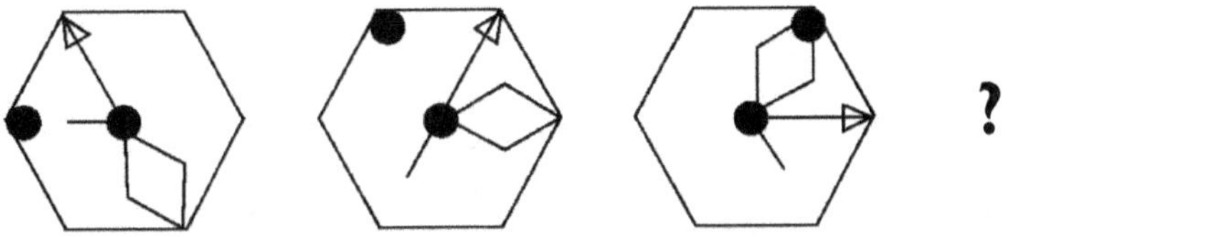

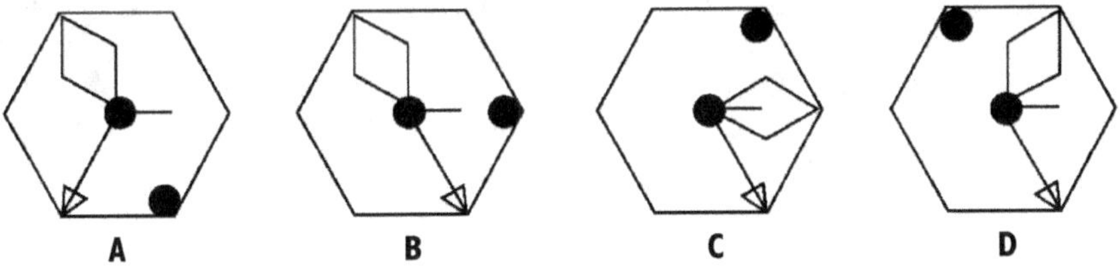

9

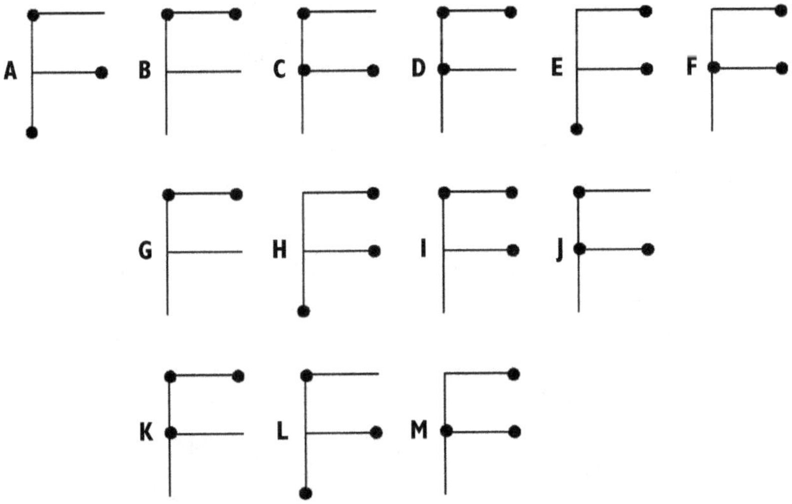

Quel est l'intrus ?

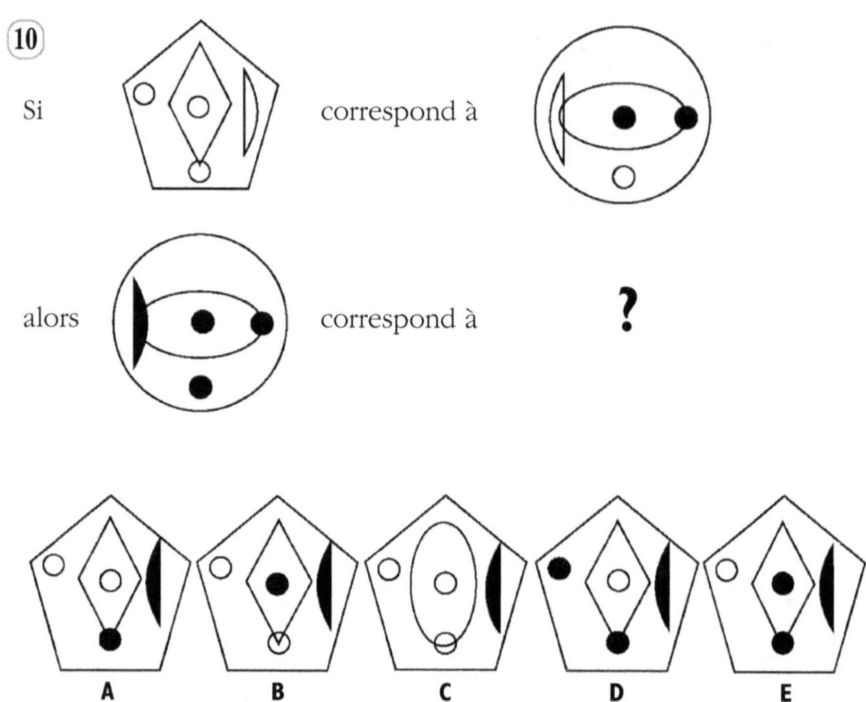

Test verbal (les solutions sont en page 194)

1 Quel est l'intrus ?

SÉPIA, MAGENTA, ORANGE, TIGRÉ, BORDEAUX

2 DERNIERS PARIS est une anagramme de deux mots dont le sens est proche. Lesquels ?

3 L'indice suivant mène à une paire de mots qui riment.

PÂTISSERIE, AMOUR, PART

4 Quels sont les deux mots dont le sens est le plus opposé ?

REMONTÉ, INTERPRÉTÉ, SOMPTUEUX, OSTENSIBLE, DÉFIGURÉ, APATHIQUE

5 Allez de cercle en cercle pour reconstituer un mot de dix lettres. Chaque cercle ne sert qu'une fois.

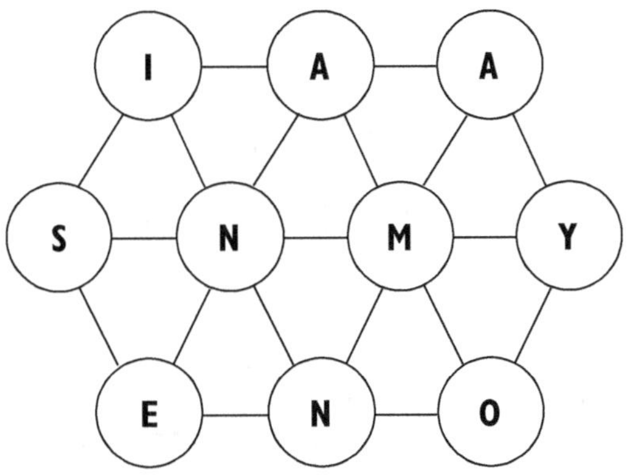

6 Placez les lettres dans les bonnes zones de chaque quadrant de façon à obtenir deux mots de huit lettres ayant un lien entre eux.

NE : BROC

SE : BATI

SO : FIEE

NO : RARE

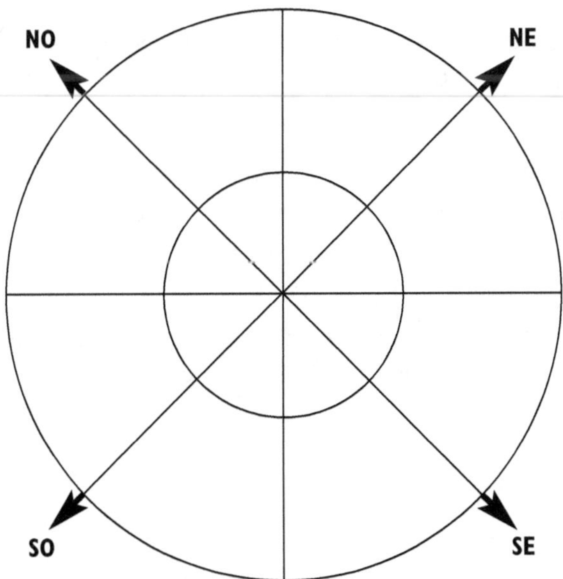

7 Quels sont les deux mots dont le sens est le plus proche ?

IMPATIENT, AVÉRÉ, IRRATIONNEL, INCOMPARABLE, CONSOMMÉ, COALESCENT

8

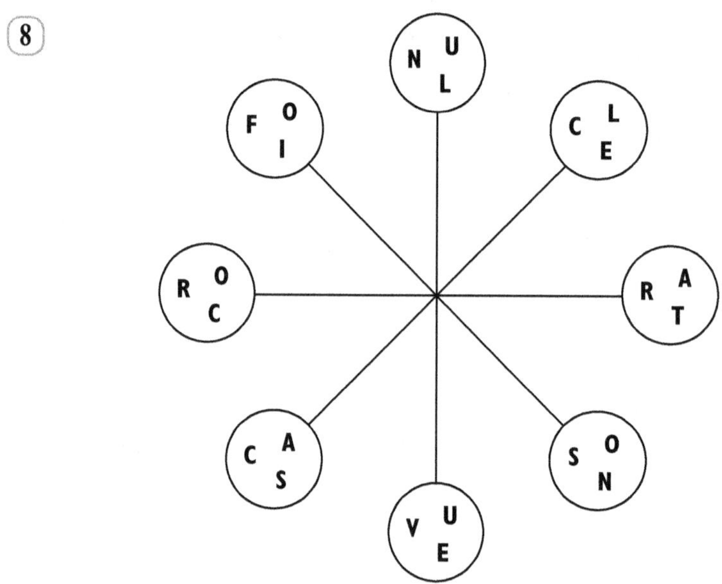

En vous déplaçant dans le sens des aiguilles d'une montre, prenez une lettre de chaque cercle de manière à composer un mot de huit lettres signifiant concis. À vous de trouver le point de départ.

9 EN DEUX COUPS DE CUILLER A POT

Éliminez 19 lettres de l'expression ci-dessus pour ne laisser qu'un mot synonyme de centre.

10 Trouvez deux mots qui se prononcent pareillement mais s'écrivent différemment, et dont l'un a un corps et l'autre un manche.

Test numérique (les solutions sont en page 195)

(1) Quel est la signification du signe mathématique ∞ ?

CONGRUENT

INTÉGRALE

SOMME

INFINI

(2) J'ai trois amis, Pierre, Paul et Jacques.

Âge de Pierre + âge de Paul = 87

Âge de Pierre + âge de Jacques = 75

Âge de Paul + âge de Jacques = 40

Âge de Pierre + âge de Paul + âge de Jacques = 101

Quel est l'âge de chacun de mes amis ?

(3) Un cahier, une gomme, un bonbon et un stylo coûtent à eux tous 2,96 euros. La gomme vaut 55 fois le prix du bonbon. Le cahier vaut 2 fois le prix du stylo et 160 fois celui du bonbon. Combien coûte chaque élément ?

(4) La moitié de douze est sept, comme je peux le montrer, et la moitié de treize est huit. Est-ce possible ?

(5) Si 5 fois 4 font 33, alors que vaudra un quart de 20 ?

(6) Combien y a-t-il de triangles dans cette figure ?

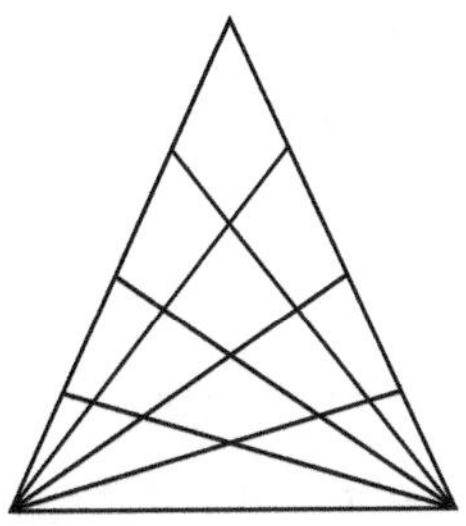

(7) 7 + 7 + 7 + 7 = 100

En vous servant de signes mathématiques simples et du 0, obtenez 100 à partir de quatre 7.

(8) L'aiguille des heures et celle des minutes se rejoignent à midi. Quand vont-elles se rejoindre de nouveau au cours des 12 prochaines heures ?

(9) Servez-vous des chiffres 1, 2, 3, 4, 5, 6, 7, 8, 9 et 0 pour composer deux fractions dont la somme soit égale à l'unité. Chaque chiffre doit être utilisé une fois et une seule.

Indice : $\dfrac{*5}{**} + \dfrac{*4*}{2*6}$

(10) Quelle est la différence entre six douzaines de douzaines et une demi-douzaine de douzaines ?

Test de logique (les solutions sont en page 196)

(1) J'ai emmené mon ami américain à un match de cricket, à Londres. « Je ne comprends pas le jeu, me dit-il.

- Hé bien, le Surrey a gagné le championnat annuel cinq fois sur neuf dans les années qui précédaient immédiatement la guerre.
- Et en 1930 ?, me demanda l'Américain.
- Ils ont gagné en 1931. » Mais ont-ils gagné ou perdu en 1930 ?

(2) Donnez le résultat de cette opération :

16/22 ÷ 56/28 ÷ 68/17 ÷ 26/13 = x

(3) À mon âge ajoutez la moitié,

Et le tiers encore, et un, deux, trois.

Vingt-cinq lustres deux ans obtiendrez.

Trouvez mon âge, soyez adroit.

4 Par quel nombre remplacer le point d'interrogation ?

208, 327, 464, 5 125, 6 216, ?

5 Il manque une figure. Laquelle ?

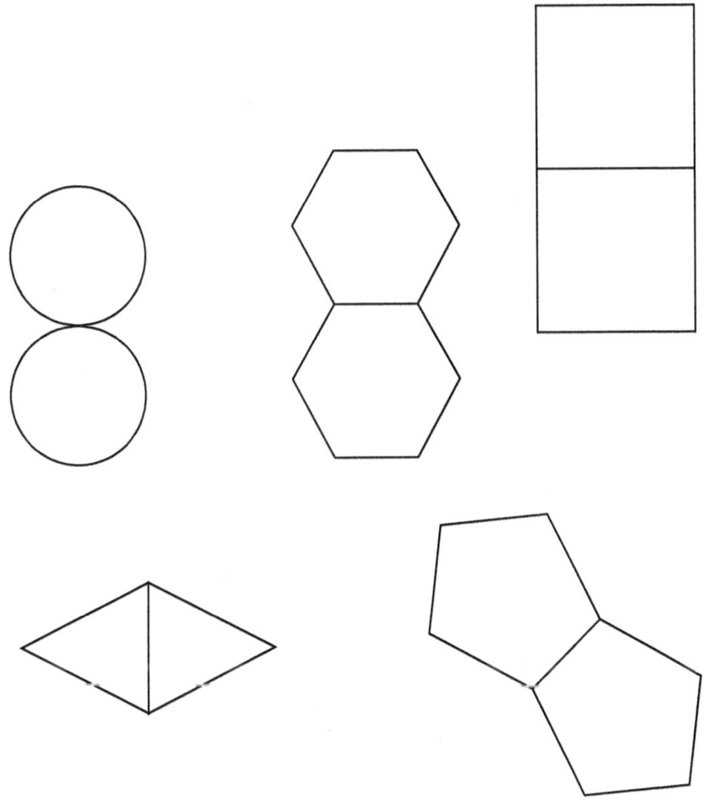

6 Par quel nombre remplacer le point d'interrogation ?

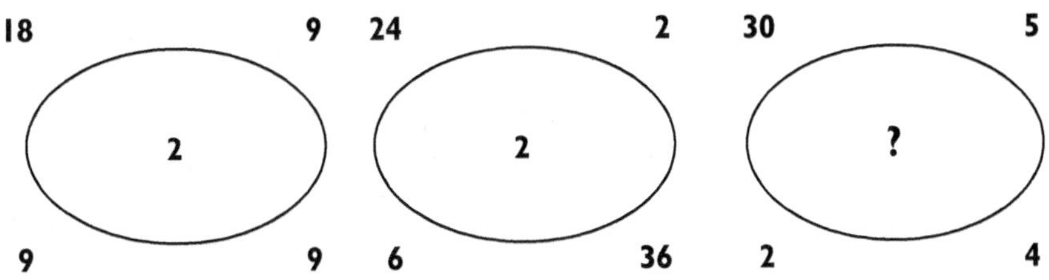

7 J'ai manqué la fin de cette course automobile et je n'ai pas vu qui en était le gagnant. Il y avait huit bolides en course. J'ai demandé à mes amis quel était le numéro du gagnant.

A m'a dit : « C'était un nombre impair. »

B m'a dit : « C'était un nombre pair. »

C m'a dit : « C'était un nombre premier. »

D m'a dit : « C'était un nombre carré. »

E m'a dit : « C'était un nombre cubique. »

1 n'est pas considéré comme un nombre premier.

Une personne seulement m'a dit la vérité. Laquelle ? Et quelle est la voiture arrivée en tête ?

8 On lance en l'air 17 pièces de monnaie.

Quelles sont les chances qu'au moins 9 pièces tombent pile ou tombent face ?

9 Combien pèse un poisson si son poids est de 37 kg plus la moitié de son poids ?

10 Divisez ce carré en quatre morceaux de forme identique contenant chacun un S, un D, un C et un H.

	S		C		H
	C	H	D		S
	S		D		
		D	S		C
C					D
		H		H	

La résolution de problème

1 Si vous pouvez la trouver, il existe une figure mathématique simple pour obtenir la réponse. Commencez par déterminer le nombre de façons différentes pour cet homme de traverser d'est en ouest s'il n'y avait qu'une seule allée circulaire.

3 Divisez la figure de manière à obtenir les éléments suivants et analysez-les.

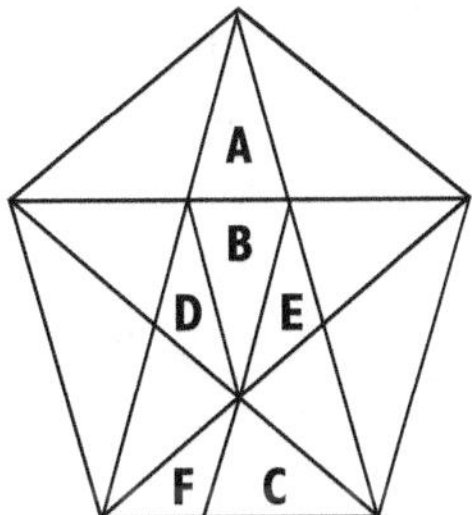

4 La somme des faces opposées d'un dé fait toujours 7.

5 Le nom complet de l'une des invités est Christine Dupont.

6 Comme dans l'exemple 3 au début de ce chapitre, établissez la liste de toutes les combinaisons restant une fois la bille blanche tirée, mais rappelez-vous qu'il faut considérer celles où les deux billes sont blanches.

7 Faites la liste des étages où s'est arrêté l'ascenseur. En ressort-il une (ou des) séquence(s) ?

8 Considérez la grille de 3 × 3 = 9 cases comme un carré magique de nombres où toutes les lignes, toutes les colonnes et toutes les diagonales donnent le même total.

9 Étudiez séparément les chiffres pairs et les chiffres impairs dans cette séquence. Établissez-en la liste. Y voyez-vous une séquence ?

10 Étudiez chaque mot soigneusement. Est-ce que chacun d'eux révèle une partie du message ?

11 Cherchez une relation dans les rangées de cases.

12 La somme de tous les nombres de 1 à 9 inclusivement donne 45. Les nombres aux extrémités doivent donc être 3 et 4.

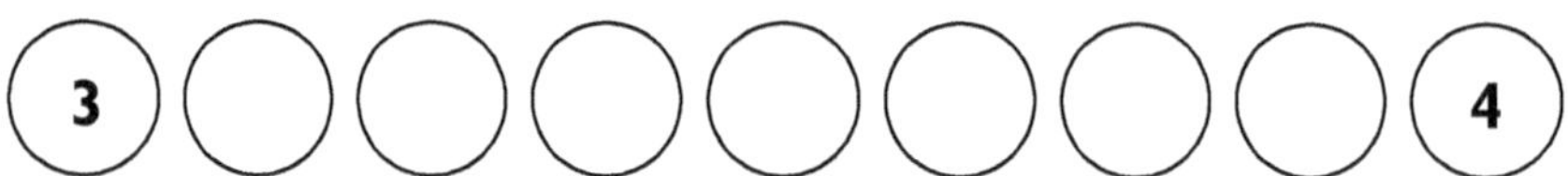

13 Les chances de prendre une seule pomme contenant un ver sont de 4 sur 50. Il resterait alors 49 pommes dont 3 véreuses.

14 En reliant les points de différentes façons, voit-on apparaître une séquence familière ?

15 Regardez horizontalement et verticalement. Percevez-vous une progression dans chaque ligne et chaque colonne ?

16 Numérotez les différents éléments de 1 à 13.

17 Faites le chemin en sens inverse de la boule noire jusqu'à la boule blanche.

18 J'ai parcouru en boitant la moitié de ce que j'ai parcouru en courant.

19 Concentrez-vous sur les nombres dans les lignes horizontales.

20 Regardez le milieu de chaque mot.

21 Trouvez combien de lettres différentes apparaissent dans cette liste de mots. Si, par exemple, vous trouvez neuf lettres différentes, alors essayez de former un mot avec ces lettres, c'est-à-dire un mot de neuf lettres dont aucune lettre n'est répétée.

22 Pour trouver un groupe de lettres qui soit anormal, vous devez d'abord trouver ce que les autres groupes ont en commun.

23 Il y a une chance sur 26 pour que la première carte soit un P.

24 La phrase que vous cherchez contient quatre mots de quatre lettres.

25 Dans chaque ligne et chaque colonne, regardez une case sur deux.

Les problèmes numériques

(**3**) Pour résoudre ce problème, il faut d'abord trouver combien d'élèves n'étudient qu'une seule langue.

Un moyen efficace et rapide de procéder consiste à tracer un diagramme de Venn.

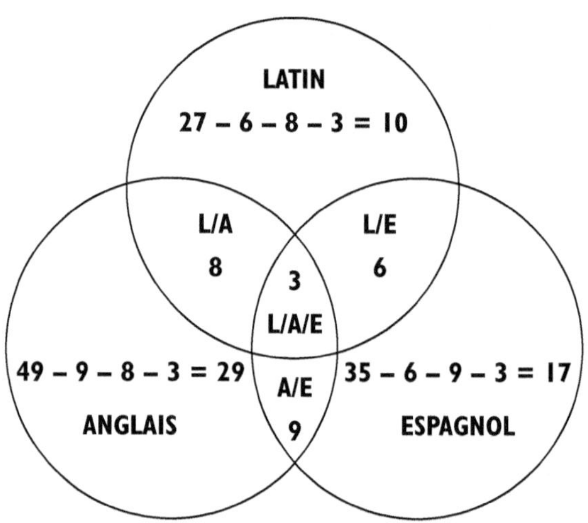

Essayez maintenant de trouver la réponse à partir de ces nouvelles informations.

(**4**) Reconstituez une partie de golf avec 6 trous gagnés par Geoffroy, 4 trous gagnés par Renaud, et 2 trous nuls.

L'ordre des trous gagnés ou perdus ne fait pas de différence quant au résultat.

(**5**) Pensez d'abord aux nombres compris entre 200 et 300 ayant plusieurs facteurs. Par exemple, 240 doigts peut signifier :

> 20 extraterrestres ayant 12 doigts
>
> ou 12 extraterrestres ayant 20 doigts
>
> ou 10 extraterrestres ayant 24 doigts
>
> ou 24 extraterrestres ayant 10 doigts

6 Si deux personnes ont menti, quatre ont dit la vérité.

Analysez les réponses de mes amis en les cochant.

Il faut avoir 4 ✓ pour le mois correct.

7 Il faut calculer la quantité d'argent qui doit être prise sur chaque cheval pour laisser une marge de 15 % sur le total des paris.

Calculez, pour chaque cheval, ce que le parieur doit miser pour gagner 100 €.

Un total de 115 € signifie une majoration de 15 € qui permettra au bookmaker de tirer un bénéfice.

8 Le centre de la plaque doit tomber à l'intérieur d'un carré dans le carré.

Essayez maintenant de calculez les chances de réussite en vous servant de cette information.

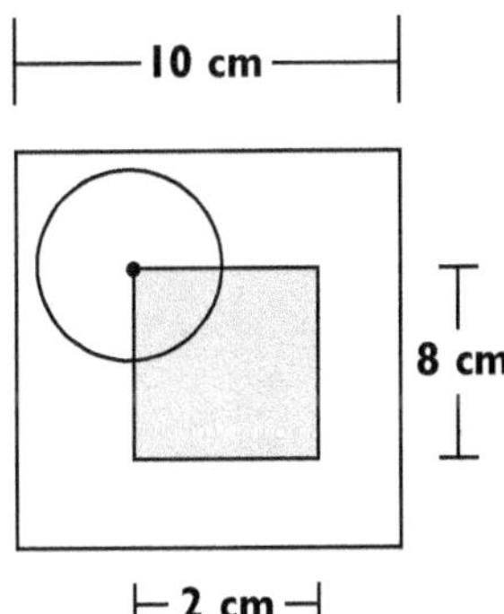

9 Il apparaît que le dernier nombre, 7, devrait être un 8 si le problème était :

72 + 27 = 99	21 + 15 = 36
27 + 18 = 45	15 + 13 = 28
18 + 31 = 39	13 + 7 = (20 ?) (21 ?)

Les nombres sont donc obtenus d'une manière différente.

10 Pour résoudre ce problème, vous devez trouver le plus petit commun multiple (PPCM), c'est-à-dire le plus petit nombre pouvant être divisé par le nombre de dents.

La réponse est ce nombre divisé par le nombre de dents du plus grand rouage.

12 Servez-vous du théorème de Pythagore :

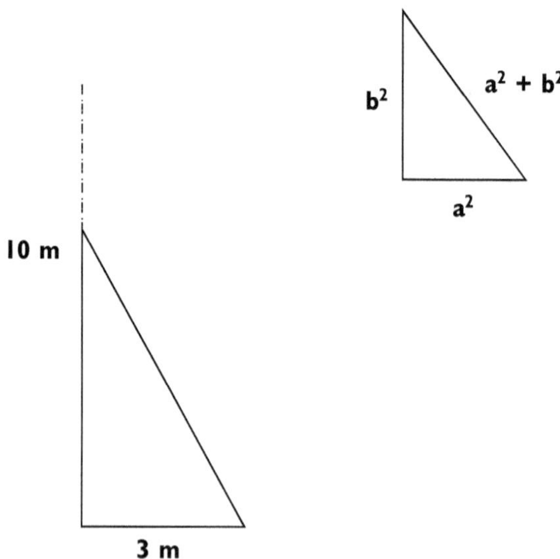

13 Essayez de trouver une formule applicable ici et dans tout problème similaire.

Calculez la distance parcourue pour un labyrinthe de 100 m, 10 au carré. Puis la distance parcourue pour un labyrinthe de 80 m. Cela vous donnera la formule pour des carrés pairs.

Puis faites le calcul avec un carré de 90 m, ce qui vous donnera d'autres éléments de la formule.

14 Pour que ce problème soit possible, 1 111 111 doit avoir deux facteurs en dehors de lui-même et de l'unité.

Trouvez ces facteurs. Ce sont des nombres premiers.

Chacun de ces facteurs se termine par 9, et l'un d'eux est inférieur à 250.

15 Analysez les nombres de 8 à 100, séparez à chaque fois le vrai du faux et trouvez l'unique nombre qui réponde à ces différentes questions.

Qu'implique la quatrième question de Paul, et pourquoi n'en pose-t-il pas une cinquième ?

16 Décomposez 6 591 en ses facteurs et trouvez 7 nombres premiers dont le produit donne 6 591.

18 Le membre gauche de l'équation est divisible par 9 (3^2).

Un nombre n'est divisible par 9 que si la somme de ses chiffres est elle-même divisible par 9.

19 Les chances que l'on tire le bon numéro du premier coup sont de 1 sur 49.

Les chances que l'on tire le bon numéro du deuxième coup sont de 1 sur 48.

Les solutions

La créativité

(1) **(i)** D. D'une case à l'autre la figure pivote à 90° dans le sens des aiguilles d'une montre et le point extérieur est alternativement noir ou blanc.

(ii) D. D'une case à l'autre dans le sens des aiguilles d'une montre, le triangle blanc devient plus petit et le triangle noir plus grand.

(iii) F. Chaque case contient trois éléments : un cercle, une bande externe et une bande intermédiaire. Dans chaque ligne et chaque colonne, chacun de ces éléments est noirci une fois et une seule.

(iv) B. Horizontalement comme verticalement, seules les barres communes aux deux premières cases figurent dans la troisième.

(v) D. Horizontalement comme verticalement, le contenu de la troisième case est déterminé par les deux cases précédentes. Les traits qui apparaissent dans l'une ou l'autre case sont reportés dans la troisième, mais ceux qui occupent la même position disparaissent.

(vi) C. Ainsi chaque ligne et chaque colonne comportent quatre symboles différents.

(vii) D. Horizontalement comme verticalement, un nouveau cercle (ou anneau) soit noir soit blanc est ajouté toutes les deux cases.

(viii) C. Dans chaque ligne horizontale, le cercle se déplace de côté en côté dans le sens des aiguilles d'une montre. Dans chaque colonne, il se déplace dans le sens inverse. Ce qui revient à dire que dans chaque ligne et chaque colonne le cercle occupe successivement les quatre positions.

(ix) D. Si vous tracez une ligne qui traverse la matrice verticalement, vous constatez que la partie droite est l'image miroir de la partie gauche.

(x) A. Ainsi le bloc de quatre cases supérieur gauche est identique au bloc inférieur droit, et le bloc supérieur droit est identique au bloc inférieur gauche.

Votre score :

10	vous êtes exceptionnellement créatif
9	très créatif
7-8	nettement au-dessus de la moyenne
5-6	au-dessus de la moyenne
3-4	dans la moyenne

Interprétation symbolique

(2) Vous pouvez vous noter vous-même, mais il serait préférable qu'un ami ou un membre de votre famille s'en charge.

Attribuez un point pour chaque dessin reconnaissable, à condition qu'il ne soit pas similaire à l'un des autres dessins. Par exemple, si vous dessinez un visage, un second visage ne vaudra aucun point puisque chaque dessin doit avoir un sujet original. Ainsi, vous obtenez des points pour la diversité. Si vous êtes créatif, vous aurez tendance à vouloir dessiner à chaque fois quelque chose de différent.

Il n'y a pas de réponse correcte pour ces six dessins, puisque à chacun peut correspondre un nombre considérable d'idées.

Votre score :

9 points	vous êtes extrêmement créatif
7-8	très créatif
4-6	dans la moyenne

Ce test peut être répété à volonté, que ce soit en réutilisant les éléments fournis, ou en prenant comme point de départ d'autres formes de votre invention.

Pensée latérale : exercices verbaux

3 **(i)** Toutes présentent deux paires consécutives de lettres. Par exemple : une fe**mme e**xceptionnelle

(ii) N E

D O

Chaque paire correspond aux deux premières lettres des adjectifs numéraux premier, deuxième, troisième, quatrième, cinquième, sixième, septième, huitième, neuvième, dixième, onzième et douzième.

(iii) Ski. Les mots de la première colonne peuvent être composés en contre-pied, contre-jour, contre-exemple. Ceux de la seconde colonne en après-demain, après-vente, après-soleil, après-shampooing.

(iv) Biographie. Successivement, les lettres ABCDEFGH occupent dans le mot la même position qu'elles ont dans l'alphabet. H est la huitième lettre de biographie et la huitième lettre de l'alphabet.

(v) Iris. Prenez la lettre initiale de chaque mot : elles composent d'autres mots lisibles à la fois horizontalement et verticalement.

ELFE

LAIT

HIER

ETRE

(vi) Dans chacune on trouve trois lettres consécutives en sens inverse. Par exemple : Au B**on M**arché (onm).

(vii) A. En partant du haut vers la droite, on peut lire les mots : arcane, cerna, cran, arc, an, à.

(viii) Tous forment de nouveaux mots à mesure qu'on leur ôte des lettres. Par exemple : fanion, fanon, ânon, non, on ; ou crosse, rosse, rose, ose, os.

(ix) pael**la os**tentatoire (Laos)

lit**chi li**varot (Chili)

péli**can ada**gio (Canada)

(x)   Insérez un nombre dans chaque groupe de lettres pour former un mot.

JEE + UN = JE**UN**E

CAFAR + DEUX = CAFAR**DEUX**

AIQUE + SEPT = A**SEPT**IQUE

BRTTE + ONZE = BR**ONZE**TTE

DESE + CENT = DES**CENT**E

Les cercles de votre esprit

④ En étudiant soigneusement la composition, vous pouvez voir que des schémas réguliers apparaissent dans les trois anneaux pour donner à l'ensemble un effet de symétrie. Ainsi, dans l'anneau du milieu, on trouve un point tous les quatre cercles, une barre tous les quatre cercles également, et un remplissage noir tous les six cercles ; les cercles restants sont blancs et se font vis-à-vis.

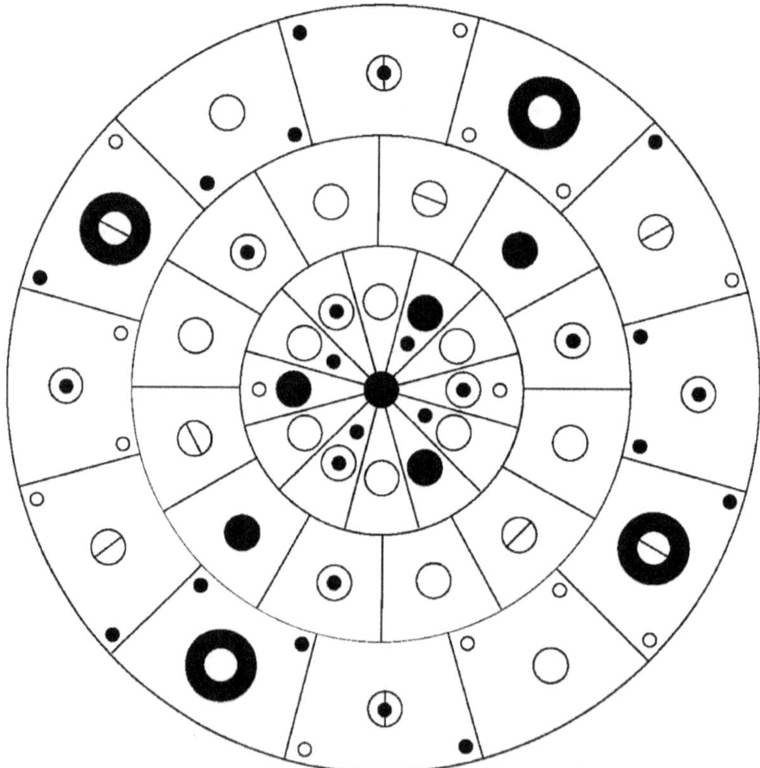

Le raisonnement divergent

5) Votre score :

Vous pouvez vous noter vous-même, mais il serait préférable qu'un ami ou un membre de votre famille s'en charge.

Comptez :

2 points pour une réponse bonne ou originale

1 point pour une tentative louable

0 point pour une réponse complètement impossible

18-24 points	vous êtes très créatif
13-17	au-dessus de la moyenne
7-12	dans la moyenne

Recommencez cet exercice autant de fois que vous le voudrez en vous servant d'objets du quotidien, par exemple un trombone ou une feuille A4.

Rébus

6) **(i)** perdu (paire d'u)

(ii) C'était très étroit (sept et treize et trois)

(iii) Un discours sans fin (il manque la fin du mot discours)

(iv) Le Triangle d'or

(v) Un mot :
1. demi-tour
2. micro-onde
3. assoupi
4. grognon (gros gnon)
5. fauteuil (teuil inversé)
6. appréhension (apré dans sion)

(vi) Une expression :

1. l'air du temps (ère dans le mot temps)
2. simple fracture
3. système nerveux central
4. le petit café du coin
5. la naissance d'une nation
6. arbre de transmission
7. quart de brie
8. cul par-dessus tête
9. un cheval de retour
10. par monts et par vaux
11. un rien s'en faut
12. la balle au centre

L'étoile cachée

© Éditions d'Organisation

Pensée latérale : exercices numériques

8 **(i)** 11.

Chaque nombre indique combien il y a d'autres nombres dans la même ligne et dans la même colonne. Par exemple, 12 indique qu'il y a un autre nombre sur la même ligne et deux autres nombres sur la même colonne.

(ii) 6.

La somme des trois chiffres figurant à la même position dans les trois carrés est égale à 10.

(iii) 2836

1063

136

46

10

1

Additionnez les deux premiers chiffres puis inversez l'ordre des autres.

(iv) 0

Chacun des trois grands cercles comporte cinq nombres : l'un isolé, le deuxième entouré d'un petit cercle, tandis que les trois autres sont situés dans des zones de chevauchement.

La zone de chevauchement centrale est commune aux trois cercles. Le nombre (1) qu'elle contient correspond à l'écart entre la somme des trois nombres isolés (3 + 2 + 8) et la somme des trois nombres encerclés (1 + 4 + 7).

Les autres zones de chevauchement suivent une règle similaire. Mais elles n'impliquent que deux cercles. Ainsi, le nombre 3 correspond à l'écart entre (3 + 8) et (1 + 7), et le nombre 1 à l'écart entre (2 + 8) et (4 + 7).

(v) 5 et 4.

Dans chaque ligne, les nombres se trouvant dans les triangles orientés vers le haut font un total de 16. De même pour ceux orientés vers le bas.

(vi)   1.

$7 + 4 = 11$

$12 + 9 = 21$

$15 + 18 = 33$

$15 + 7 = 22$

(vii)   14.

Les nombres figurant dans les cases de la moitié du bas sont la somme des chiffres figurant dans les cases de la moitié du haut, suivant le schéma ci-dessous :

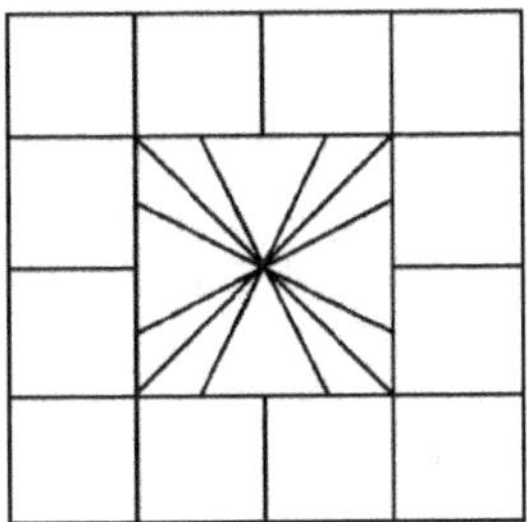

(viii)   28

82

Partez du sommet et progressez de gauche à droite, puis de droite à gauche à la ligne suivante, et ainsi de suite. On voit se répéter la suite de chiffre 58236.

(ix)

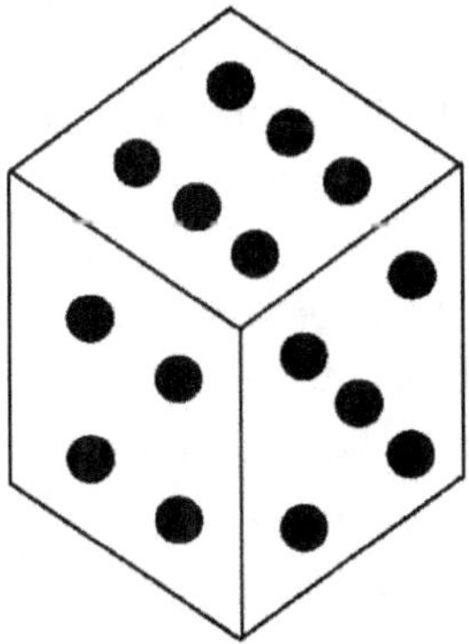

Cette figure représente un dé qui a subi quatre basculements successifs.

(x)   1813.

En effectuant la somme des chiffres pairs du cercle supérieur gauche et du cercle inférieur droit, on obtient la première partie du nombre central. En faisant la somme des chiffres impairs du cercle supérieur droit et du cercle inférieur gauche, on obtient la seconde partie du nombre central. Ainsi : 6 + 8 + 4 = 18 et 5 + 1 + 7 = 13.

Scénarios

(10) ***Explications :***

(i)   Cet homme est un officiel qui apportait une grâce de dernière minute à un condamné dans le couloir de la mort. Le vacillement de la lumière indique que le prisonnier vient juste d'être électrocuté : la grâce est arrivée trop tard.

(ii)   Il s'agit d'un postier qui délivre le courrier à des ambassades étrangères de la capitale.

(iii)   Les deux terrassiers ont entrepris la tranchée chacun par une extrémité et creusent l'un vers l'autre. Mais, parvenus au milieu, ils ne rencontrent pas comme prévu car l'un des deux a quelque peu dévié. Leur patron, après avoir consulté les plans, confirme que l'un des ouvriers a suivi le bon tracé et ordonne à l'autre de recommencer sa moitié de tranchée.

(iv)   Doris est une souris blanche. Alain, qui jouait aux chaises musicales, s'est brusquement assis à l'arrêt de la musique, sans voir que le petit animal avait grimpé sur la chaise.

(v)   Pierre est un enfant. L'an dernier, il atteignait tout juste le bouton du 11e étage, mais cette année il a grandi et peut appuyer sur le bouton du 12e.

(vi)   Ils sont allés dans un « *drive in* », cinéma où l'on regarde le film en restant dans son véhicule. C'est pourquoi le crime n'a pas été remarqué.

(vii)   L'homme, un veilleur de nuit, était en service la nuit précédente. Il n'aurait pas dû dormir, donc pas dû rêver.

(viii)   La scène se déroule en Angleterre. Cette femme s'est effondrée, une main crispée sur la poitrine, ce que voyant le boulanger pense à une crise cardiaque et appelle les secours. En anglais, le mot « pain » signifie « douleur ».

(ix)   J'ai roulé en marche arrière.

(x)   Il est assis sur le rebord intérieur et saute dans la pièce.

Séquences

11 **(i)**

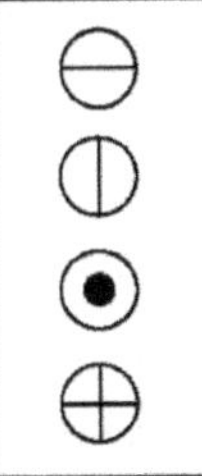

À chaque étape, le second cercle passe en dernière position.

(ii)

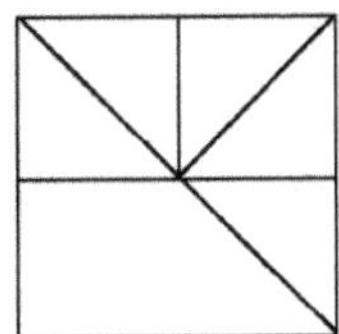

Horizontalement comme verticalement, les traits communs aux deux premières cases ne sont pas reportés dans la troisième, tandis que les autres le sont.

(iii)

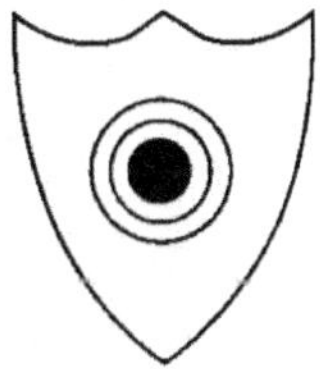

On retrouve dans chaque colonne un petit point noir central, un gros point noir central, une couronne noire intermédiaire, une couronne noire externe, un gros point noir en bas de l'écusson et un petit point blanc en haut.

(iv)

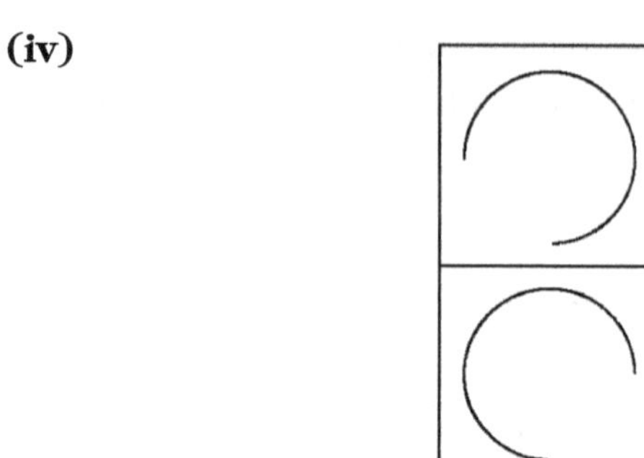

Horizontalement, l'arc de cercle pivote à 90° dans le sens des aiguilles d'une montre ; verticalement, il pivote de 90° dans le sens inverse.

(v)

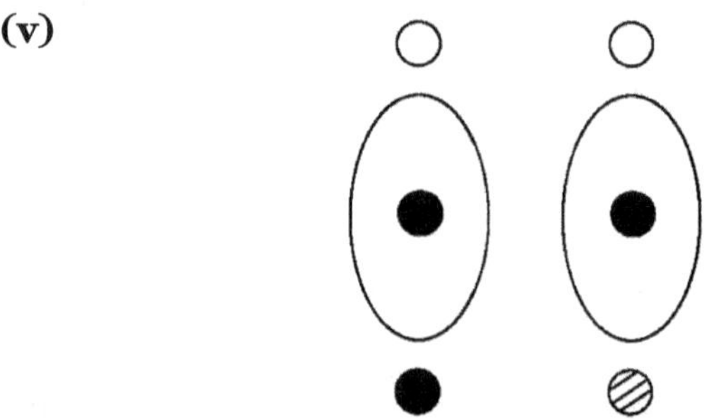

Horizontalement, le point supérieur est alternativement blanc ou noir ; le point dans l'ovale, noir ou barré d'une croix ; le point inférieur, blanc, rayé ou noir.

(vi)

À chaque étape, la figure pivote à 90° dans le sens des aiguilles d'une montre, et une figure sur deux comporte un point noir.

(vii)

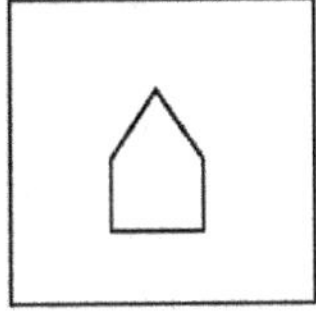

Horizontalement comme verticalement, les points communs aux deux premières cases sont reportés dans la troisième.

(viii)

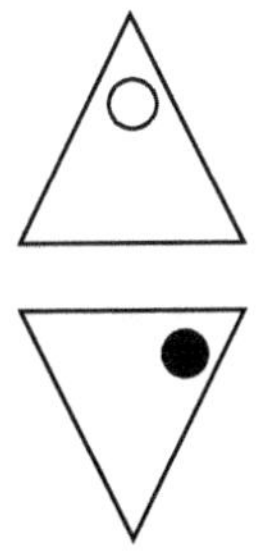

À chaque étape, le point supérieur se déplace d'un angle dans le sens des aiguilles d'une montre et le point inférieur d'un angle dans le sens inverse. Ils sont alternativement blancs ou noirs.

(ix)

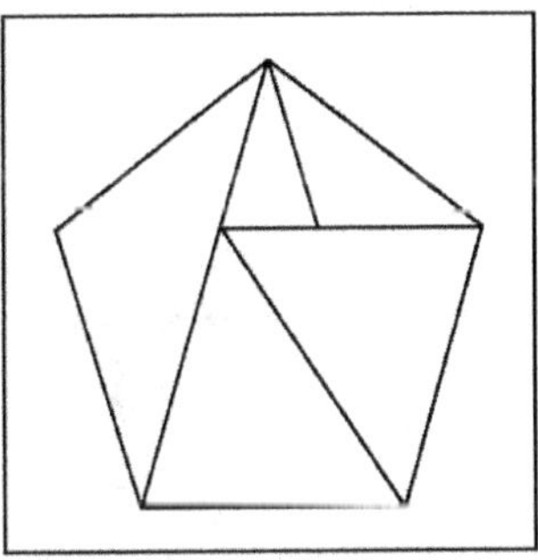

Les figures adjacentes sont symétriques.

(x)

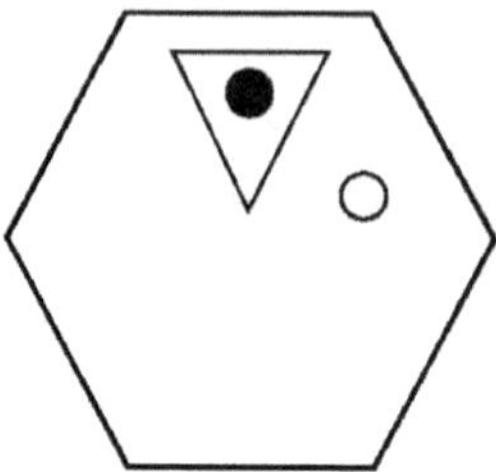

À chaque étape, le triangle avance de deux côtés dans le sens inverse des aiguilles d'une montre ; le point blanc, d'un seul côté dans le sens normal ; et le point noir, d'un côté dans le sens inverse.

Votre score :

10	vous êtes exceptionnellement créatif
9	très créatif
7-8	nettement au-dessus de la moyenne
5-6	au-dessus de la moyenne
3-4	dans la moyenne

Les bâtons d'allumette

12 **(i)**

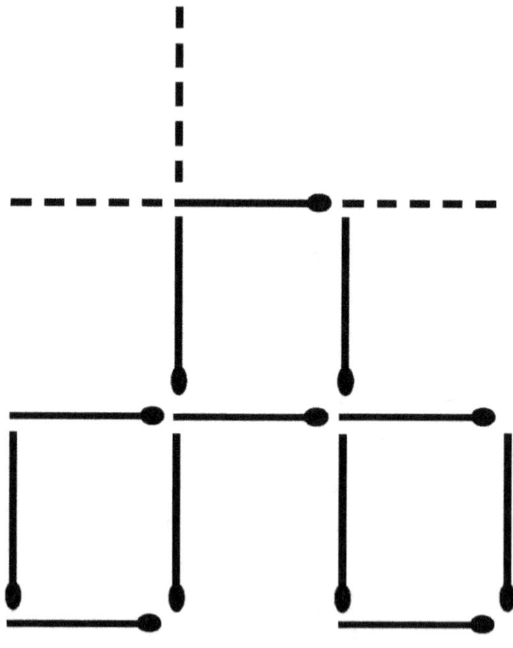

(ii)

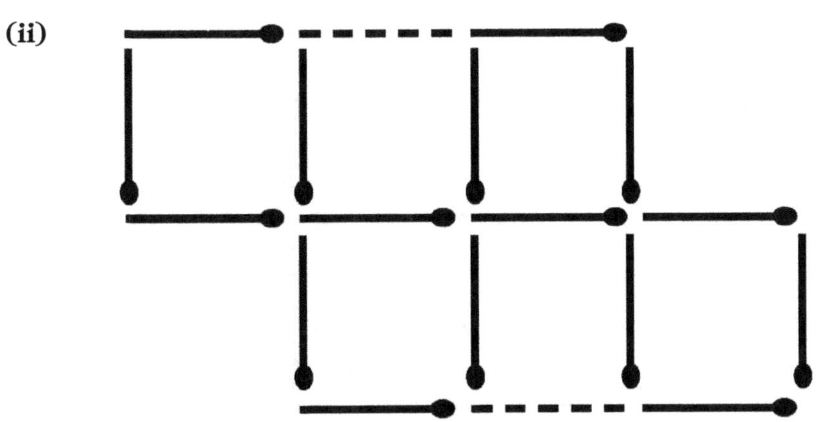

(iii)

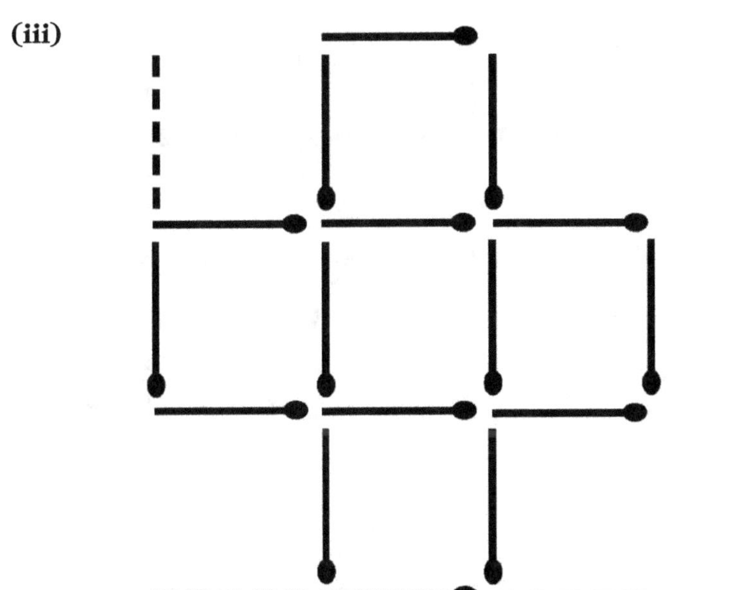

(iv)

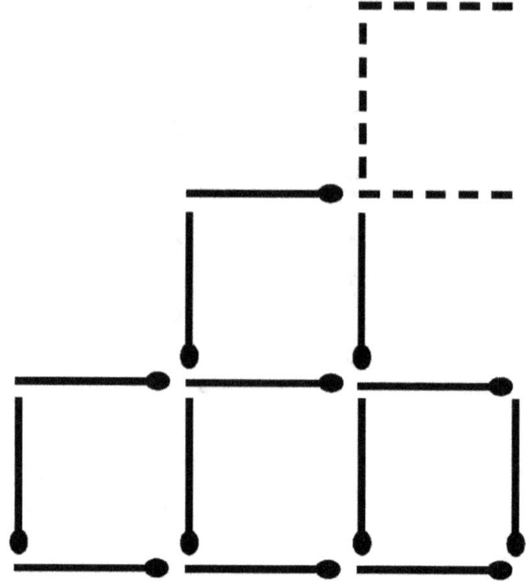

(v)

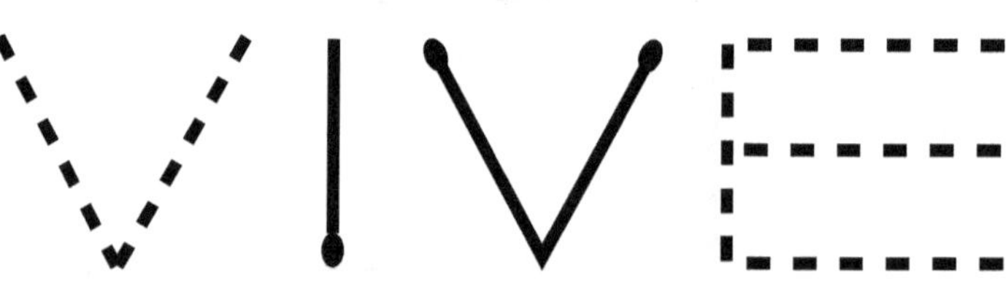

(vi)

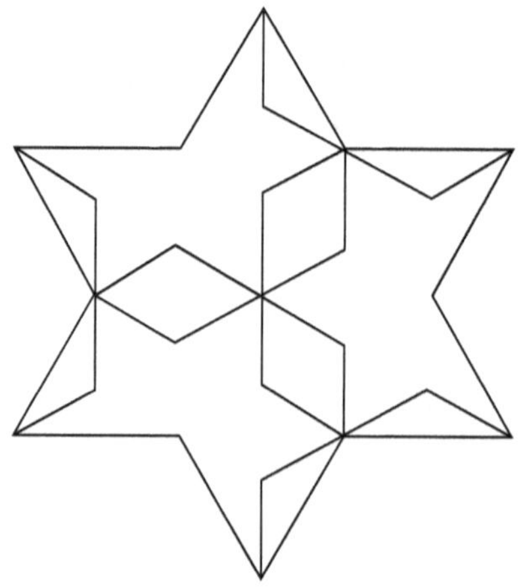

La résolution de problème

1 $6^3 = 216$.

Explication :

S'il n'y avait qu'une seule allée circulaire, une fois arrivé à la première intersection ce passant pourrait poursuivre de trois manières (à gauche, à droite ou tout droit). En arrivant à la deuxième intersection, il n'aurait plus le choix qu'entre deux chemins, de sorte qu'il y aurait 6 (3 × 2) itinéraires possibles. Avec deux allées circulaires, le nombre d'itinéraires possibles devient 6^2, soit 36. Avec trois allées circulaires, il est de 6^3, soit 216. La formule reste valable quel que soit le nombre d'allées circulaires.

2

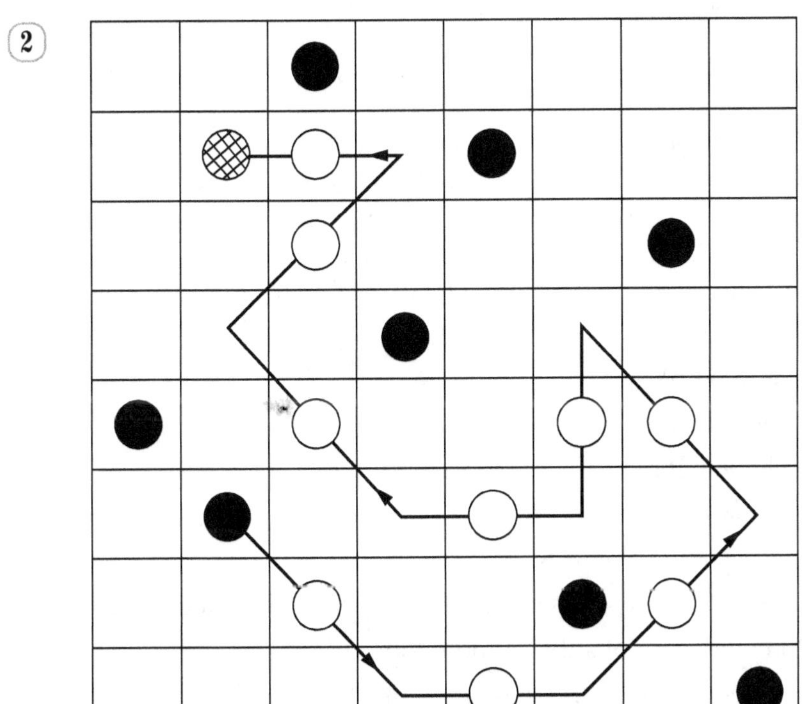

3 Le double de la surface.

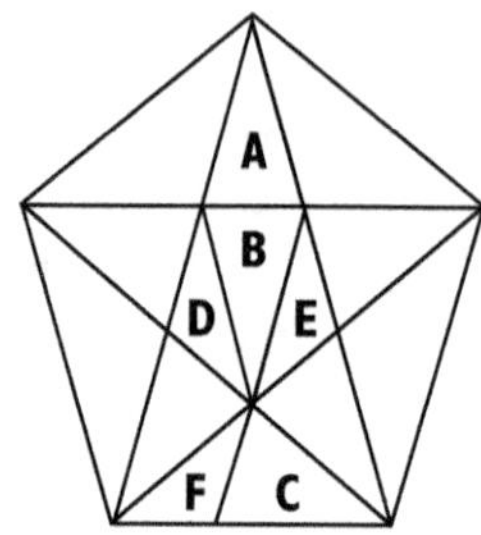

Explication :

A = B = C et D = E = F

Par conséquent, A + B + D + E doit être le double de C + F.

4 27.

Explication :

La somme des faces opposées d'un dé fait toujours 7. La face infé-rieure du dé du dessus (1) doit donc être un 6, et les sommes face 2 + face 3, face 4 + face 5, face 6 + face 7 doivent chacune faire 7. Le total des sept faces est donc 7 + 7 + 7 + 6 = 27.

5 Quatre personnes.

Explication :

Ma femme et moi

Mon fils Geoffroy

Ma belle-sœur Christine

Le beau-frère de Christine et son épouse sont ma femme et moi.

Mon éditeur Stéphanie est mon épouse.

Mme Dupont est ma belle-sœur Christine.

Le neveu de Christine est mon fils Geoffroy.

(6) Deux chances sur trois.

Explication :

Appelons B1 et N les billes dont l'une a été mise en premier dans le sac, et B2 celle dont on connaît la couleur. Après que l'on a tiré une bille blanche, il reste trois possibilités :

    (a) B1 est encore dans le sac et l'on a tiré B2

    (b) B2 est encore dans le sac et l'on a tiré B1

    (c) N est encore dans le sac et l'on a tiré B2

Il y a par conséquent deux possibilités que la bille restante soit blanche, et une possibilité seulement qu'elle soit noire.

(7) Au 14e étage.

Explication :

L'appareil a suivi la séquence 7, 9, 6, 11, 4, 12, 3, 14.

Il y a en fait deux séquences, l'une quand il monte, l'autre quand il descend. La séquence descendante progresse ainsi : $-1, -2 -1$, etc. La séquence montante progresse ainsi : $+2, +1, +2$, etc. Il nous emmènera donc au 14e étage, que cela nous plaise ou non.

(8) D.

Explication :

Comptez le nombre de barres dans chaque case. Dans chaque rangée, chaque colonne et chaque diagonale, le total des barres s'élève à 15.

(9) 29347.

Explication :

Les chiffres pairs 6824 et les nombres impairs 93751 se répètent en suivant le même ordre.

(10) RV ce soir sur la plage.

Explication :

HE(RV)É, BER(CE)USE, PAS(SOIR)ES, AS(SUR)EUR, ANG(LA)IS, COM(PLA)INTE, GEOR(GE)TTE

11 C.

Explication :

La première ligne est l'image miroir de la troisième ligne, et la deuxième ligne est l'image miroir de la dernière ligne.

12

ou

13 Une chance sur 4 900.

Explication :

$4/50 \times 3/49 \times 2/48 = 24/117\ 600 = 1/4\ 900$

14

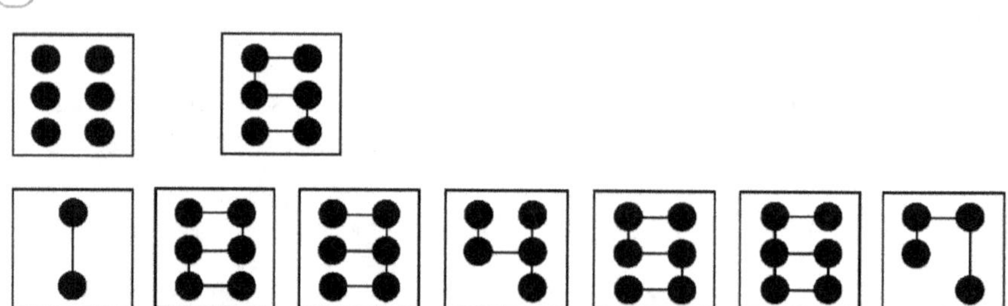

Les points peuvent être reliés pour donner la suite de nombres 1, 2, 3, 4, 5, 6, 7.

15 B.

Explication :

Dans chaque ligne et chaque colonne, le nombre de côtés de la figure augmente de 1 à chaque case.

(16) 32.

Explication :

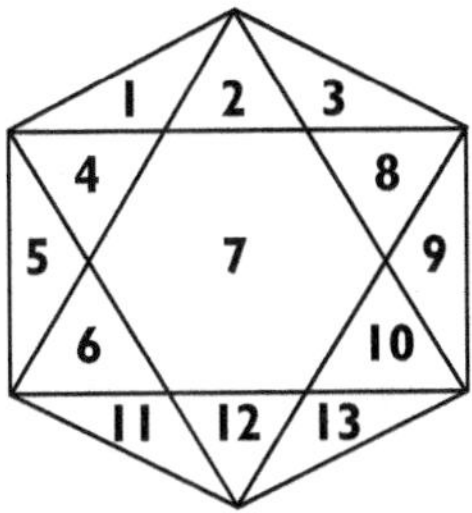

Les triangles sont ainsi constitués :

un élément	deux éléments	trois éléments	quatre éléments
1	1-2	1-2-3	2-6-7-10
2	1-4	1-4-5	4-7-8-12
3	2-3	3-8-9	
4	3-8	5-6-11	
5	4-5	9-10-13	
6	5-6	11-12-13	
8	8-9		
9	9-10		
10	6-11		
11	10-13		
12	11-12		
13	12-13		

17

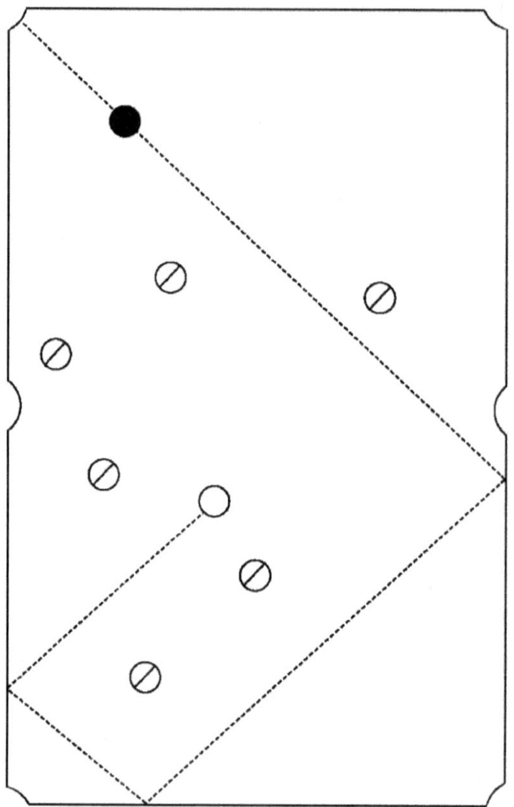

18 Quatre fois plus vite.

Explication :

J'ai couvert en courant 2/3 de la distance totale, en un temps T. En boitant, j'ai parcouru une distance moitié moins longue (2/3 et 1/3). Si j'étais allé à la même vitesse, cette deuxième partie aurait donc dû me demander la moitié du temps T, soit T/2. Or en réalité il m'a fallu le double du temps de la première partie de la course, soit 2T ou encore 4T/2).

19 7.

Les deux lignes du milieu ont un total de 13, la deuxième et la quatrième lignes un total de 10 et la première et la dernière lignes un total de 7.

20   Mexico.

Explication :

Il faut prendre la valeur en chiffres romains du milieu de chaque mot et faire l'addition. Ainsi, de**vi**se + en**v**oi = Me**xi**co (vi + v = xi).

21   Cousinage.

22   JNLM.

Explication :

Toutes les autres suivent une séquence comme LmNoQP où l'on saute une lettre, puis une seconde, puis on invertit les deux dernières.

23   358 799 contre un.

Explication :

Il y a une chance sur 26 que la première carte soit un P, une chance sur 25 que la deuxième soit un A, une sur 24 que ce soit un U et une sur 23 que ce soit un L.

Les chances sont de 26 × 25 × 24 × 23 = 1 sur 258 800, soit 258 799 contre un.

Les chances que les quatre dernières cartes donnent P_A_U_L sont exactement les mêmes.

24   Paul part vers midi.

Explication :

Pour lire le message, prenez la première lettre dans chaque mot de la première ligne, puis la deuxième lettre dans chaque mot de la deuxième ligne, la troisième lettre dans chaque mot de la troisième ligne, la quatrième lettre dans chaque mot de la quatrième ligne.

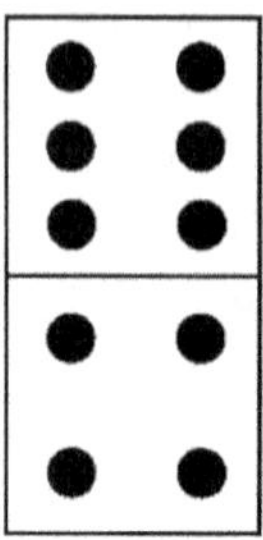

Explication :

Dans chaque ligne et chaque colonne, en additionnant les valeurs des cases 1 et 3, on obtient le même total qu'en additionnant les cases 2 et 4. Ainsi, dans la première ligne, 1 + 6 = 5 + 2.

Les problèmes numériques

1) 4.

Explication :

si la moitié de 5 = 3
alors 2,5 = 3
alors 10 = 12
donc 1/3 × 12 = 4

2) Non.

Explication :

0 + 1 + 2 + 3 + 4 + 5 + 6 + 7 + 8 + 9 = 45

Puisque Jeannot n'a que 44 euros, la réponse est non.

3) 18.

Explication :

Latin	10
Anglais	29
Espagnol	17
Latin/anglais	8 L/A
Anglais/espagnol	9 A/E

Latin/espagnol	6 L/E
Latin/anglais/espagnol	3 L/A/E
	82

100 moins 82 donnent 18 élèves n'étudiant aucune de ces langues.

4

Trou	Geoffroy		Renaud	
		100 €		0 €
1	Gagné	150 €	Perdu	− 50 €
2	Gagné	225 €	Perdu	− 125 €
3	Perdu	112 €	Gagné	− 13 €
4	Nul	112 €	Nul	− 13 €
5	Perdu	56 €	Gagné	+ 43 €
6	Gagné	84 €	Perdu	+ 15 €
7	Gagné	126 €	Perdu	− 27 €
8	Perdu	63 €	Gagné	+ 36 €
9	Perdu	48 €	Gagné	+ 68 €
10	Gagné	48 €	Perdu	+ 52 €
11	Gagné	72 €	Perdu	+ 28 €
12	Nul	72 €	Nul	+ 28 €
	PERTE	**28 €**	**GAIN**	**28 €**

Si Geoffroy avait gagné tous les trous, il aurait empoché des milliers d'euros, alors que Renaud ne peut gagner plus que les 100 euros qu'a Geoffroy dans son porte-monnaie. Ainsi, au final, Renaud peut faire un profit même s'il a perdu de quelques trous.

5 Comme le suggérait l'indice, si vous l'avez lu, intéressons-nous d'abord aux nombres compris entre 200 et 300 produits de plusieurs facteurs. Par exemple, 240 doigts peut signifier :

20 extraterrestres ayant 12 doigts

ou 12 extraterrestres ayant 20 doigts

ou 10 extraterrestres ayant 24 doigts

ou 24 extraterrestres ayant 10 doigts

Puisque cela ne donne pas une valeur unique, il convient d'éliminer tous les nombres qui sont le produit de plusieurs facteurs.

Essayons maintenant les nombres premiers (un nombre premier est un nombre qui n'a pas d'autres facteurs que 1 et lui-même). Cela peut donner :

> 1 extraterrestre ayant 233 doigts (mais il y a plus d'un « alien »)
>
> ou 233 extraterrestres ayant 1 doigt (mais chaque créature a au moins 2 doigts)

Puisque cela ne donne pas une valeur unique, il convient d'éliminer tous les nombres premiers.

Reste encore le carré d'un nombre premier. Il en existe un entre 200 et 300, et c'est 289, soit 17×17. La réponse est donc 17 créatures possédant chacune 17 doigts.

6 JUIN.

	Richard	Barbara	Carole	David	Édouard	Fanny
JAN	✓			✓	✓	✓
FÉV					✓	✓
MAR		✓		✓		
AVR		✓	✓			
MAI				✓		✓
JUN	✓		✓			
JUL	✓			✓		✓
AOÛ				✓		
SEP			✓		✓	
OCT				✓	✓	
NOV			✓		✓	
DÉC				✓	✓	

C'est le seul mois avec 4 marques (David et Fanny ayant menti).

(7) 5 contre 1

Explication :

CHEVAL	CHANCES	MISE
L'OR DU TEMPS	2 - 1	33,3
PETIT TYPHON	3 - 1	25
CLAIR DE LUNE	4 - 1	20
FOLIE D'AUJOURD'HUI	8 - 1	11,1
LAISSEZ TOUT ESPOIR	10 - 1	9,1
ATTRAPEZ-MOI	5 - 1	16,7
		115,2

Par conséquent, si le bookmaker reverse 100 €, il en reçoit 115 et s'assure une marge de 15 %.

(8) Pour que la plaque soit à l'intérieur du carré, son centre doit tomber dans la zone grisée. S'il tombe à l'extérieur, la plaque touchera au moins un côté.

Par suite :

	gagné	2×2	=	4
	perdu	$100 - 4$	=	96
	chances	96 contre 4		
ou	encore	24 contre 1		

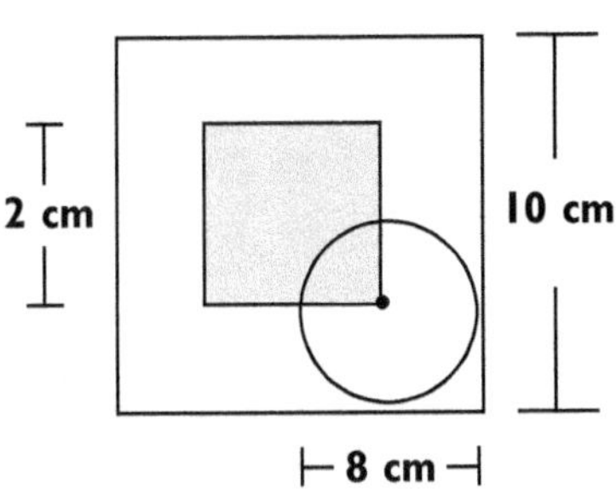

(9) 12.

Explication :

Les nombres sont obtenus par addition des chiffres, non des nombres comme le suggérait l'indice. Le nombre manquant est donc 12 :

7 + 2 + 9 + 9 = 27

2 + 7 + 4 + 5 = 18

1 + 8 + 3 + 9 = 21

2 + 1 + 3 + 6 = 12

(10) 56.

13   1 × 13

  8   2 × 2 × 2

  7   1 × 7

  4   ~~2 × 2~~

Ôtez les répétitions, ce qui élimine complètement le plus petit rouage de l'équation.

13 × 8 × 7 = 728/13 = 56

(11) 64 diamants et 8 fils.

```
          64
 −     1/63
 ÷   9 7/56
 −     2/54
 ÷   9 6/48
 −     3/45
 ÷   9 5/40
 −     4/36
 ÷   9 4/32
 −     5/27
 ÷   9 3/24
 −     6/18
 ÷   9 2/16
 −     7/9
 ÷   9 1/8
 −     8/0
```

(12) 4 11/20 m.

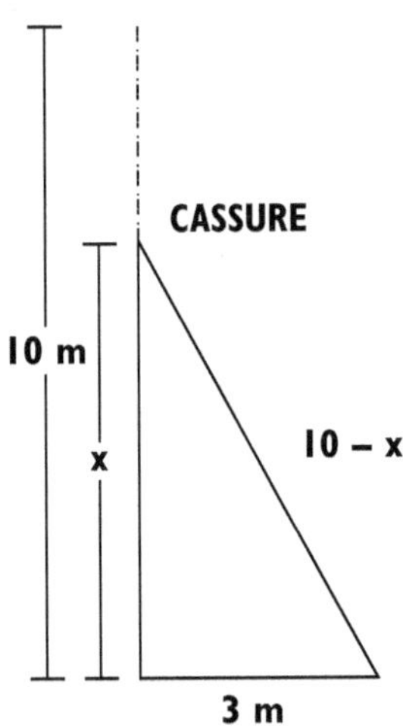

Explication :

Si la hauteur de la cassure est x, alors :

$$x^2 + 3^2 = (10 - x)^2$$

$$
\begin{array}{l}
10 - x \\
\underline{10 - x} \\
100 - 10\,x + x^2 \\
\underline{-\ 10\,x} \\
100 - 20\,x + x^2 = x^2 + 3^2
\end{array}
$$

$$-20\,x = -100 + 9$$

$$20\,x = 100 - 9$$

$$x = 5 - 9/20$$

$$x = 4\ 11/20 \text{ m}$$

(13)

10 unités

10 unités

Explication :

1	9,5	14	3
2	9	15	3
3	9	16	2
4	8	17	2
5	8	18	1
6	7	19	1,5
7	7		
8	6		
9	6		
10	5		
11	5		
12	4		
13	4		

100 unités = 10 unités^2

Formule de la distance parcourue = côté^2

Réponse = $60 \times 60 = 3\ 600$ m

(14) $1\ 111\ 111 = 239 \times 4\ 649$

Par conséquent, 239 chats ont attrapé chacun 4 649 souris.

(15) 81.

Explication :

Paul croit vraies les réponses de Pierre. Il finit par demander si le numéro commence par un 3 : nous devons conclure que Pierre lui a répondu « non » à la première question (> 50).

D'autre part, Paul ne pose pas de cinquième question : c'est donc que la dernière réponse reçue lui a permis de sélectionner un numéro et un seul. Si cette réponse a été « oui », Paul n'a pu se décider que s'il avait déjà éliminé 9 des dix numéros allant de 30 à 39. Le critère « carré ou non » permet de ne retenir que le 36.

Si la réponse a été « non », Paul n'a pu se décider que s'il avait déjà éliminé 32 des 33 numéros inférieurs à 51 mais ne commençant pas par un 3. En appliquant successivement les filtres des questions 2 et 3, il ne reste que le 16.

Paul hésitait donc entre les numéros 16 et 36. Ceci laisse entendre que Pierre avait répondu « non » à la question 1 et « oui » aux deux suivantes (multiple de 4 et carré). Or nous savons qu'il a menti aux deux premières. Donc le numéro recherché :

est supérieur à 50,

n'est pas un multiple de quatre

mais est un carré.

Seul le numéro 81 répond à ces trois conditions… Et bien sûr la réponse de Paul ne pouvait qu'être fausse, que Pierre ait menti ou dit la vérité à la quatrième question !

(16) $1 \times 1 \times 1 \times 3 \times 13 \times 13 \times 13 = 6\ 591$

Elle a donc eu deux fois des triplés.

(17) Il est fastidieux de diviser par 2,236. On évitera cela ainsi :

$$\frac{3}{\sqrt{5}} \times \frac{\sqrt{5}}{\sqrt{5}} = \frac{3 \times \sqrt{5}}{5} = \frac{3 \times 2{,}236}{5} = \frac{6{,}708}{5} = 1{,}342$$

18 Le membre gauche de l'équation étant divisible par 9 (3^2), l'autre membre doit donc l'être aussi.

La somme de ses chiffres doit donc être divisible par 9, donc ? = 8.

19 $49 \times 48 \times 47 \times 46 \times 45 \times 44 / 1 \times 2 \times 3 \times 4 \times 5 \times 6$

= 10 068 347 520/720

= 13 983 815 contre 1

20 $19{,}2 \text{ m}^2$

Soit x = surface totale

alors $\dfrac{x}{3} + \dfrac{x}{4} + 8 = x$

7x + 96 = 12x

5x = 96

$x = 19{,}2 \text{ m}^2$

Un esprit rapide

1 **(i)**   Réalité, altière.

   (ii)   PAL et TAS

  (iii)   28 (7×4).

   (iv)   N.

    (v)   4 kilomètres.

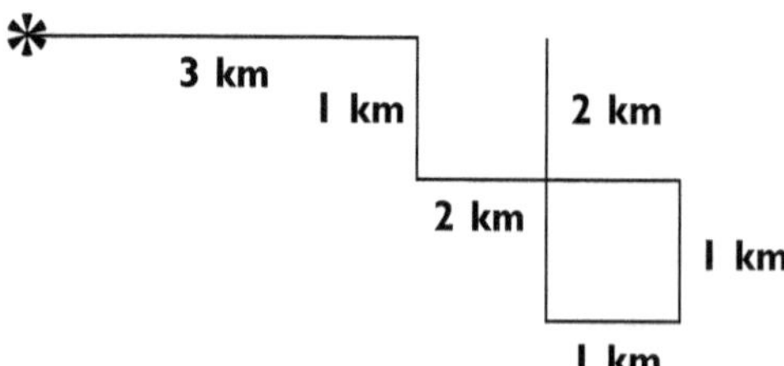

(vi)   40 euros.

(vii)   MORSE.

(viii)   Le 6 mai.

(ix)   APOTRE.

(x)   90°.

Il s'agit d'un triangle rectangle : 9^2 (81) + 12^2 (144) = 15^2 (225)

(xi)   50 km/h (pendant deux heures).

(xii)   70 % (pourcentage de consonnes).

(xiii)   Un solide petit déjeuner (breakfast)

(xiv)   25 minutes.

13 h moins 25 mn = 12 h 35

12 h 35 moins 20 mn = 12 h 15

12 h 15 moins 75 mn (25 × 3) = 11 h

(xv)   8.

(xvi)   Liban et Laos.

(xvii)   162 (9 × 18).

(xviii)   120 €.

(xix)   ESQUIF (la première et la dernière lettre de chaque mot se suivent alphabétiquement).

(xx)   36, 29 et 35.

(xxi)   académique, accompagner, accordéon, acropole, adduction, adepte, admission, adoration.

(xxii)   4/5 de 190 = 152

3/9 de 450 = 150

(xxiii)   Anagramme.

(xxiv)   P.

ABcDefGhijKlmnoP

(xxv)   3.

Horizontalement, la séquence est + 4 − 3.

Verticalement, la séquence est + 3 − 2.

(xxvi)

13 000	14 000
1 300	1 400
13	4
14 313	14 404

(xxvii)   Annie.

(xxviii)   70.

Ôtez 2, puis 4, puis 8, puis 16.

(xxix)   Anne 28, Carole 35, Boris 42.

(xxx)   14 + 25 = 16 + 23.

Votre score :

27-30	superbe effort
24-26	excellent
20-23	très bien
16-19	bien
12-15	au-dessus de la moyenne
9-11	moyen

2 **(i)**

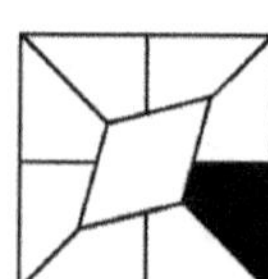

Le losange se déplace d'un cran à chaque fois, de même que la partie noire.

(ii)

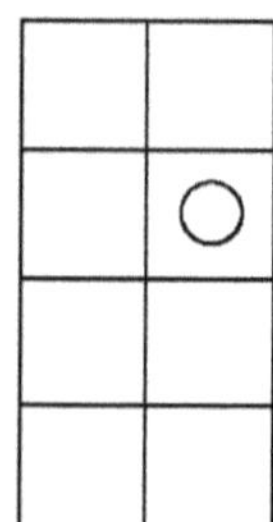

À chaque étape, le rond blanc avance de quatre cases dans le sens inverse des aiguilles d'une montre.

(iii)

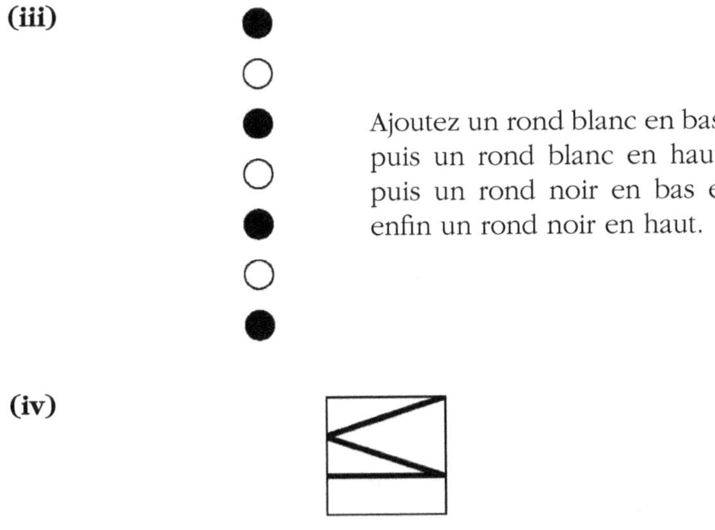

Ajoutez un rond blanc en bas, puis un rond blanc en haut, puis un rond noir en bas et enfin un rond noir en haut.

(iv)

Les chiffres romains I, II, III, IV, V et VI apparaissent en pivotant de 90° à chaque étape.

(v)

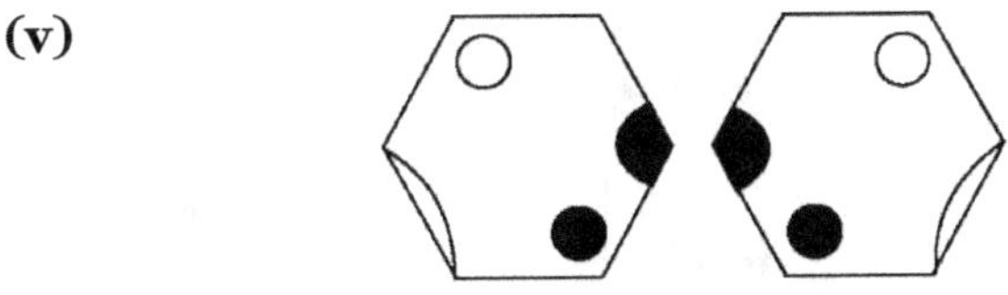

Les figures font alterner des images miroirs et des inversions du noir et du blanc.

(vi)

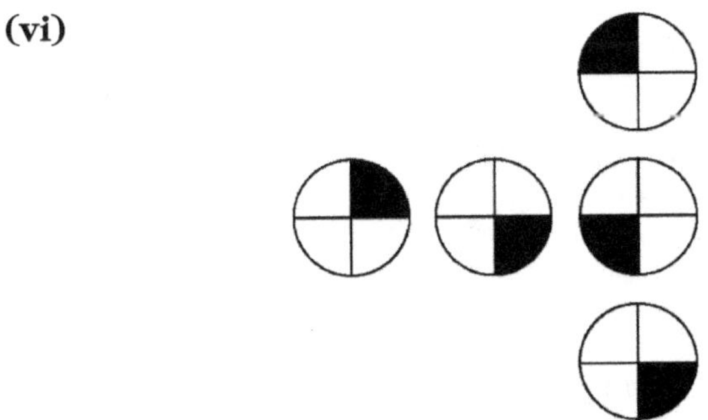

Dans chaque ligne, le quartier noir pivote de 90° dans le sens des aiguilles d'une montre.

(vii)

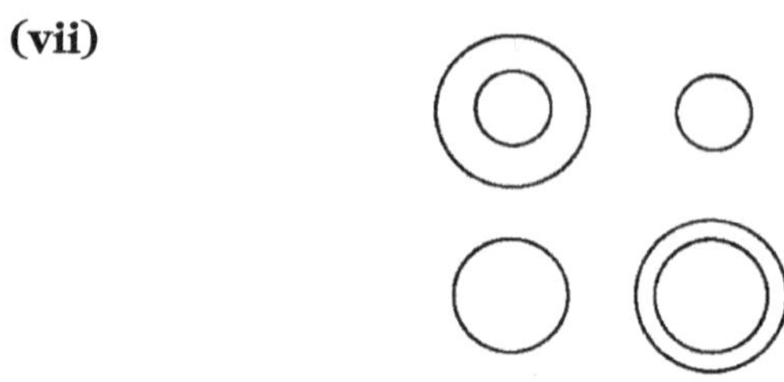

Les cercles se déplacent du haut vers le bas, chacun à son tour.

(viii)

Un cercle sur deux comporte un rond blanc, un sur trois comporte un trait vertical, et un sur quatre un trait horizontal.

(ix)

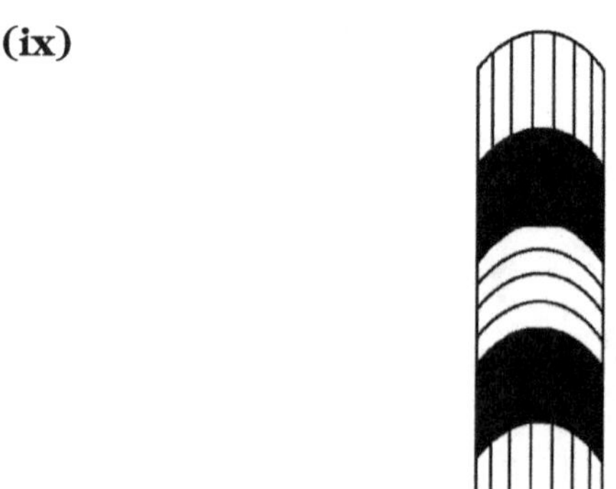

À chaque étape, le deuxième élément du haut passe en bas.

(x)

Le premier 8 apparaît un quart à la fois, puis un second 8 se dessine tandis que le premier s'efface.

Un esprit rapide

Votre score :

10   tout à fait impressionnant

9   exceptionnel

7-8   excellent

6   très bien

5   bien

4   moyen

(3) Des raccourcis sont indiqués pour certains calculs.

(i)   84.

(ii)   48.

(iii)   143 ($10 \times 13 = 130 + 13 = 143$).

(iv)   7/10.

(v)   14 (divisez 8 par quatre et multipliez par 7).

(vi)   22.

(vii)   4 (10 % de 60 = 6, par conséquent 20 % = 12 et 12 divisé par 3 = 4).

(viii) 496.

(ix)   101.

(x)   84.

(xi)   228 (15 divisé par 13 = 1, reste 2. 26 divisé par 13 = 2.
Par conséquent, 156 divisé par 13 = 12.
$70 \times 3 = 210$ plus $2 \times 3 = 6$.
Donc $72 \times 3 = 216$. $216 + 12 = 228$).

(xii)   1 092 ($52 \times 10 = 520 \times 2 = 1\ 040$.
Donc $20 \times 52 = 1\ 040$ plus une fois 52 = 1 092).

(xiii) 108.

(xiv) 192.

(xv)   58.

(xvi) 91.

(xvii) 49.

(xviii) 70 % de 140 = 98, tandis que 45 % de 200 = 90.

(xix) 216.

(xx)   37.

(xxi) 975 ($2 \times 75 = 150$, donc $4 \times 75 = 300$.
Donc $12 \times 75 = 900$, plus une fois 75 = 975).

(xxii)   330 (10 % de 550 = 55. 55 × 6 = 330).

(xxiii)   862 (273 + 600 = 873 moins 11 = 862).

(xxiv)   559.

(xxv)   864.

(xxvi)   616 (56 × 10 = 560 plus une fois 56 = 616).

(xxvii)   44.

(xxviii)   117.

(xxix)   2.

(xxx)   42.

Votre score :

28-30   excellent
25-27   très bon
22-24   bon
19-21   au-dessus de la moyenne
14-18   moyen

(4)

A		L		B		E		E	T	A	P	E
C	H	A	L	O	U	P	E		H			X
C		S		H		A		A	S	T		I
O	R	C	H	E	S	T	R	A	L			T
R		A		M		E			L		I	
D	O	R	M	E	U	R		A	I	N	S	I
	R		A						U		B	
A	M	A	N	T		C	H	A	M	E	A	U
	E		D			L		G		C		R
O			A	U	J	O	U	R	D	H	U	I
S	O	I	R			C		U		I		N
S			I		C	H	E	M	I	N	E	E
U	S	I	N	E		E		E		E		R

5

(i)	JLPT2689	**(xi)**	YXTPHFC9743
(ii)	KLSTX3479	**(xii)**	QPMKJCB875432
(iii)	BKTUW3479	**(xiii)**	ZRPNKJFBA9732
(iv)	EGLPZ2569	**(xiv)**	WVRMLHGE987532
(v)	DFGKLPZ24689	**(xv)**	AEUTKJF2579
(vi)	BDJMNTZ23489	**(xvi)**	EUZTSJGB5679
(vii)	TSLJDB56789	**(xvii)**	AEUWTQJHF2349
(viii)	WPKJFED2379	**(xviii)**	DJKMPT9753UA24
(ix)	VTSQPMK2479	**(xix)**	BDQRTWZ9753EA246
(x)	XUQNJHG23469	**(xx)**	CJKLMPS9753UEA26

6

(i)	SANDALE	**(xiv)**	BIBERON
(ii)	NOTABLE	**(xv)**	MENTEUR
(iii)	AIGREUR	**(xvi)**	JURISTE
(iv)	IMPASSE	**(xvii)**	COCOTTE
(v)	MEUNIER	**(xviii)**	BOURDON
(vi)	MOUCHARD	**(xix)**	SENTEUR
(vii)	MEURTRE	**(xx)**	AUTOMNE
(viii)	RONDEUR	**(xxi)**	AFFREUX
(ix)	MORSURE	**(xxii)**	PETROLE
(x)	LIVAROT	**(xxiii)**	ROSIÈRE
(xi)	ERRATUM	**(xxiv)**	CRAMPON
(xii)	BOULIER	**(xxv)**	VERTIGE
(xiii)	ANGELOT		

Mots croisés en énigmes

7

(i)	A	accent		V7
	B	tolier (anagramme de le roti)		V9
	C	pois		H11
	D	tudieu (studieux sans SX)		V6
	E	irise (iroise sans O)		H3
	F	loi		V3
	G	ardeurs (anagramme de dureras)		V8

H	Étourdie (et + OURDIE)	H9
I	obligeant	H1
J	untel	H10
K	obi	V1
L	TGV	V10
M	œuf	H2
N	sachet (anagramme)	H7
O	lys (I et Y)	V12
P	danse (anagramme)	H8

Restaurez les voyelles

(ii) L'HOMME QUI SAIT COMMENT TROUVERA TOUJOURS DE L'EMPLOI. L'HOMME QUI SAIT POURQUOI SERA TOUJOURS SON PATRON.

Suivez la piste

(iii) ARRIVEE EN LIGNE (7 lettres-2 lettres-5 lettres)

Mots croisés alphabétiques

(iv)

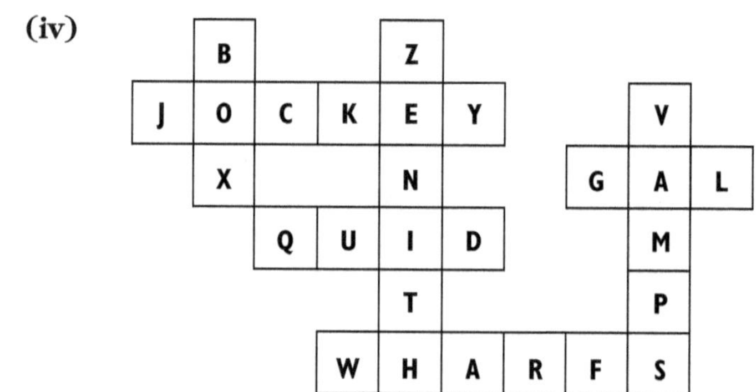

Énigmagramme

(v) SYNTAXE

MEMOIRE

SYSTEME

PLANTER

Anagramme clé = TERMINAL

Anagrammes

(vi)   SATURNIEN

CAFETERIA

CHEVALIER

BROUILLON

Test de QI n° 1

Test spatial

1. F. Dans chaque ligne et chaque colonne, le triangle est alternativement noir ou blanc. Dans chaque ligne, le point se déplace de deux angles dans le sens des aiguilles d'une montre et devient alternativement noir ou blanc. Dans chaque colonne, le point se déplace de deux angles dans le sens inverse des aiguilles d'une montre et devient alternativement noir ou blanc.

2. B. Les autres pentagones ne sont que la même figure en rotation.

3. E. Dans chaque ligne, un nouveau cercle se construit par quarts successifs.

4. D

5. E. Les quatre cases sont réorganisées comme dans l'exemple, c'est-à-dire que la première va au milieu droit, la deuxième en haut, la troisième en bas, la dernière au milieu gauche.

6   D. Coupez la pyramide en deux verticalement. La partie gauche est l'image miroir de la partie droite.

7   C. Ainsi, chaque alignement de trois cercles comporte quatre points noirs et quatre points blancs.

8   E. Dans les autres figures, les éléments ayant des côtés curvilignes sont blancs et les éléments ayant des côtés rectilignes sont noirs.

9   E. Cette case contient une chaîne noir-blanc-noir et une chaîne blanc-blanc-noir.

10   B. Toutes les deux figures, le cercle supérieur devient noir et celui de gauche comporte un trait horizontal. Toutes les trois figures, le cercle de droite comporte un trait vertical et celui du bas un point noir.

Test de logique

1   La lettre i.

2   Aucune personne au-dessus de 30 ans n'a de diplôme en biochimie.

3   4 918 237.

Inversez les 4e, 5e et 6e chiffres du nombre précédent. Puis ajoutez la 1re, 2e, 3e et 7e dans l'ordre inverse.

4   Il est 22 h.

Explication :

Elle s'est arrêtée à 15 h 50, mais était à l'heure à midi.

12 midi	=	12 midi
13 h	=	12 h 46
14 h	=	13 h 32

15 h	=	14 h 18
16 h	=	15 h 04
17 h	=	15 h 50
17 h + 5 h	=	22 h.

5 82 28 54
73 37 36
95 59 36

Dans chaque ligne, il faut inverser les nombres puis prendre la différence. Ainsi, 95 − 59 = 36.

6

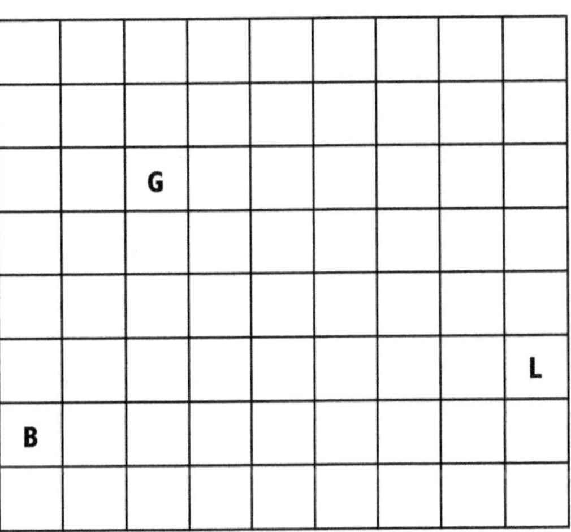

Commencez à la lettre A et remontez la première colonne, puis descendez la deuxième, et ainsi de suite, en ne sautant la première fois aucune case puis deux, puis trois, etc. à chaque nouvelle lettre de l'alphabet.

7 VANILLIER.

À chaque mot, le nombre de lettres augmente. La première lettre d'un mot est, dans l'ordre alphabétique, la deuxième après la dernière lettre du mot précédent.

8 3,65 €, en 5 pièces :

0,10

2,00

0,50

0,05

1,00

3,65

9 872.

174 + 698 = 872. De même, 283 + 658 = 941 et 368 + 419 = 787.

10 MOTE.

Explication :

Si l'on insère DES dans MOTE, on obtient le mot MODESTE.

Tous les autres mots se combinent avec UN et donnent brunch, défunt, hunier, immune, jaunir, lunule, lagune et nounou.

Test verbal

1 alternative.

2 COMMUN.

3 TROPHEE, BUTIN.

4 MOLLESSE, RIGIDITE.

5 cane oie = oceanie.

Les États sont :

espagne

soudan

maurice

lettonie

6 Anathème.

plan/anse, béat/âtre, ache/heur, arme/mets

7 OLNEF = félon.

8 érudit, ignorant.

9 Succinct, condensé.

10 Aucun message joint.

Test numérique

1 566.

Multipliez chaque nombre par 3 et ajoutez 2.

Ainsi $188 \times 3 + 2 = 566$.

2 35 minutes. Il est donc 11 h 25.

$9 h + (4 \times 35 = 140)$ ou 2 h 20 mn = 11 h 20

3 Thomas : 60. Richard : 80. Henri : 100.

Soit R la somme payée par Richard, H la somme payée par Henri et T celle payée par Thomas.

$H = 5/4\ R$

$T = 3/4\ R$

$H + T + R = 5/4\ R + 3/4\ R + R = 3\ R = 240$

Donc R = 80.

4 9. $12 \times 8 = 96$. De même, $27 \times 3 = 81$ et $19 \times 4 = 76$.

5 6.

6

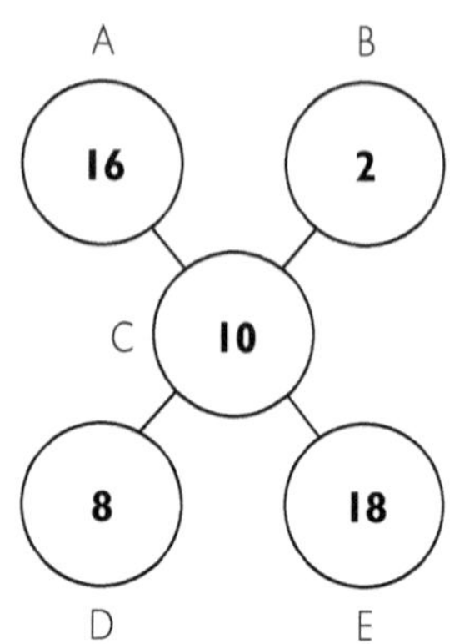

A/B = D
A + B = E
E − D = C

7

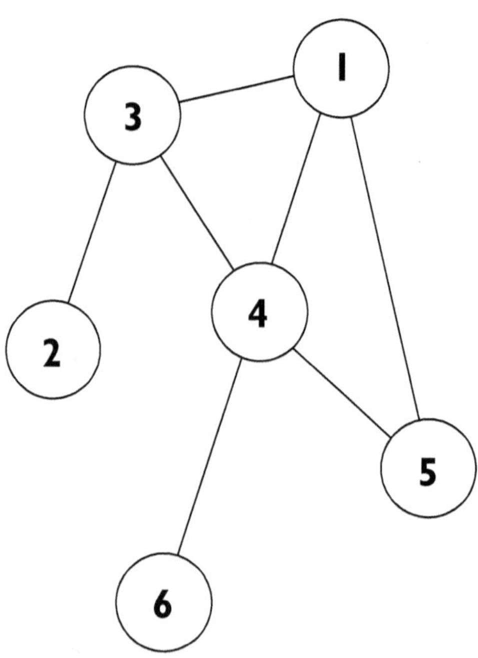

8 63.

Explication :

Soit n le nombre de tours de batte sur lequel avait été calculée la moyenne de 24, et $(24 \times n)$ le nombre total des points ainsi marqués. Le nouveau score permet alors l'équation suivante :

$(24 \times n) + 11 = 23 \times (n + 1)$, ou encore $24n + 11 = 23n + 23$, soit $n = 12$

En $n = 12$ tours de batte, notre joueur avait donc marqué $12 \times 24 = 288$ points.

Pour obtenir une moyenne de 27 points sur 13 tours, il lui aurait fallu totaliser $13 \times 27 = 351$ points, donc avoir marqué $351 - 288 = 63$ points supplémentaires au lieu de 11.

9 87   75   94   85   77

Explication :

Chaque ligne est constituée par des sommes de nombres de la ligne précédente, d'après la règle suivante :

colonne A + colonne C = colonne B, D + E = A, C + D = E, B + E = C et A + E = D

10 13   33

Deux séquences sont imbriquées, toutes deux commençant par 1. La première suit une progression de + 3, la seconde de + 8.

Test de QI n° 2

Test spatial

(1)

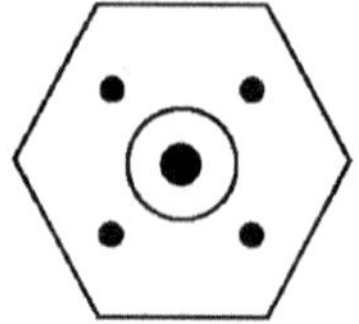

Explication :

A s'ajoute à B pour donner C

C s'ajoute à D pour donner E

E s'ajoute à F pour donner G

G s'ajoute à H pour donner A

Les éléments identiques disparaissent.

(2) B.

(3) 2B.

(4) C.

Explication :

1 s'ajoute à 2 pour donner 3

4 s'ajoute à 5 pour donner 6

Les éléments identiques disparaissent.

(5) G.

Explication :

A est identique à F

C est identique à D

B est identique à E

6 D.

Explication :

Le carré est complété.

Le point central est en alternance noir ou blanc.

Le point de droite ne change pas.

L'arc de cercle tourne à 90° dans le sens des aiguilles d'une montre.

7 C.

Explication :

1 s'ajoute à 2 pour donner 3

4 s'ajoute à 5 pour donner 6

Les éléments identiques disparaissent.

8 B.

Explication :

La flèche se déplace de 60° dans le sens des aiguilles d'une montre.

Le losange se déplace de 60° dans le sens inverse.

Le point noir se déplace de 60° dans le sens des aiguilles d'une montre.

Le trait se déplace de 60° dans le sens inverse.

9 I.

Explication :

A est identique à L

B est identique à G

C est identique à J

D est identique à K

E est identique à L

F est identique à M

10 A.

Explication :

Le point droit noir passe à gauche et devient blanc.

L'ovale central devient un losange.

Le point central devient blanc.

Le point inférieur ne change pas.

La portion de cercle passe à gauche et s'inverse.

Test verbal

1 Tigré indique la présence de taches ou de rayures. Les autres mots désignent des couleurs.

2 PRENDRE, SAISIR

3 Bout d'chou

4 remonté, apathique

5 Mayonnaise

6 Férocité, barbarie

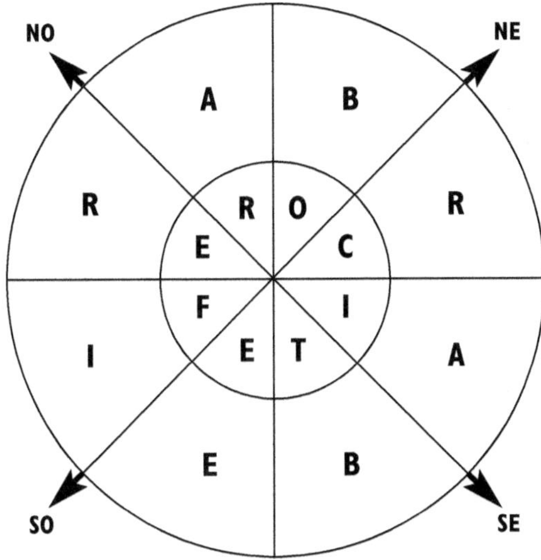

7 Avéré, consommé

8 SUCCINCT

9 Cœur

10 Ballet et balai

Test numérique

1 Infini.

2 Exprimons l'âge de Pierre et de Jacques par rapport celui de Paul :

Pierre = 87 − Paul et Jacques = 40 − Paul

Pierre + Paul + Jacques = (87 − Paul) + Paul + (40 − Paul) = 101

Donc Paul = 26 ans

Pierre = 87 − 26 = 61 ans

Jacques = 40 − 26 = 14 ans

3 Cahier　　160 centimes
Gomme　　55 centimes
Bonbon　　1 centime
Stylo　　80 centimes
——————
296 centimes

4 XII = VII
XIII = VIII

5 8,25.

Explication :

20 = 33

$$\frac{20}{4} = \frac{33}{4}$$

6 64.

7 (7/0,7 × 7/0,7) = 100.

8 À 1 h 1/11, à 2 h 2/11, à 3 h 3/11, à 4 h 4/11, etc.

9 $\dfrac{35}{70} + \dfrac{148}{296} = \dfrac{1}{2} + \dfrac{1}{2} = 1.$

10 (6 × 12 × 12) − (6 × 12) = 864 − 72 = 792.

Test de logique

1 Il y a 10 années de 1930 à 1939.. S'ils avaient gagné en 1930, j'aurais dit qu'ils avaient gagné 6 fois sur 10.

2 $\dfrac{16}{22} \div \dfrac{56}{28} \div \dfrac{68}{17} \div \dfrac{26}{13} = x$

$\dfrac{16}{22} \times \dfrac{28}{56} \times \dfrac{17}{68} \times \dfrac{13}{26} = x$

$\dfrac{16}{22} \times \dfrac{1}{2} \times \dfrac{1}{4} \times \dfrac{1}{2} = x$

$\dfrac{16}{22} \times \dfrac{1}{16} = \dfrac{1}{22}$

Explication :

Pour résoudre des problèmes comportant plusieurs divisions, on peut changer le signe de l'opération (de la division vers la multiplication) à condition d'inverser le numérateur et le dénominateur.

3 66.

Un lustre est une période de 5 ans. Soit n mon âge, on obtient :

n + n/2 + n/3 + 1 + 2 + 3 = (5 × 25) + 2

n × 11/6 = 121

n = 66

4 7 343.

Explication :

$$\text{Premier chiffre} \begin{cases} (2) + 2^3 = 208 \\ (3) + 3^3 = 327 \\ (4) + 4^3 = 464 \\ (5) + 5^3 = 5\ 125 \\ (6) + 6^3 = 6\ 216 \\ (7) + 7^3 = 7\ 343 \end{cases}$$

Autres chiffres

5 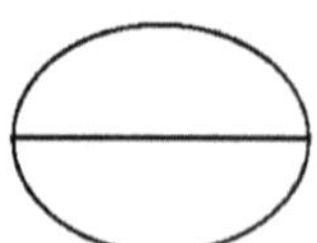

Explication :

2 × 6 côtés

2 × 5 côtés

2 × 4 côtés

2 × 3 côtés

2 × 2 côtés (figure manquante)

2 × 1 côté

6 3.

Explication :

$18 \times 9 = 162$

$9 \times 9 = 81$

$\dfrac{162}{81} = 2$

$24 \times 6 = 144$

$36 \times 2 = 72$

$\dfrac{144}{72} = 2$

$30 \times 2 = 60$

$5 \times 4 = 20$

$\dfrac{60}{20} = 3$

7

	Impair	Pair	Premier	Carré	Cubique
1	✓			✓	✓
2		✓	✓		
3	✓		✓		
4		✓		✓	
5	✓		✓		
6		✓			
7	✓		✓		
8		✓			✓

Seul le numéro 6 n'a qu'une marque. B m'a dit la vérité et la voiture 6 est arrivée en tête.

8 Une certitude.

9 74 kg.

10

	S		C		H
	C	H	D		S
	S		D		
		D	S		C
C					D
		H		H	

Aller de l'avant

Même si vous ne vous êtes essayé qu'à quelques-uns des problèmes des chapitres précédents, vous avez déjà entraîné votre cerveau.

Le cerveau est assurément notre bien le plus important, et pourtant c'est pour beaucoup d'entre nous la partie du corps que nous considérons le plus comme un acquis.

Or le cerveau a besoin d'exercice et de soins tout autant que les autres parties de notre corps. Pour conserver notre cœur en bonne santé, nous adoptons une alimentation correcte ; pour préserver notre peau du dessèchement, nous l'hydratons ; pour accroître les performances de notre cerveau, tout comme les sportifs s'entraînent pour améliorer leurs performances, il lui faut des exercices, une gymnastique mentale.

Beaucoup de gens croient encore qu'il n'y a pas grand-chose à faire pour améliorer ce cerveau avec lequel nous sommes nés, et que les cellules cérébrales ne cessent de dégénérer avec l'âge. En réalité, c'est l'inverse qui est vrai car nos cellules créent continuellement de nouvelles connexions, plus fortes, et un cerveau d'adulte peut développer de nouvelles cellules à quelque âge que ce soit.

Les exercices que nous vous avons proposés dans ces pages ne feront peut-être pas de vous un génie en l'espace d'une nuit, mais nous espérons qu'ils seront une base sur laquelle construire. Si cet ouvrage vous a convaincu qu'il est possible d'augmenter et d'optimiser votre intelligence, alors vous souhaiterez faire travailler constamment votre cerveau et renforcer toujours plus ses performances.

Outre une attention particulière à l'alimentation et à la nutrition – un régime équilibré en vitamines et minéraux est hautement souhaitable –, il existe plusieurs moyens d'y parvenir. Vous pouvez notamment répéter certains des exercices de ce livre : par exemple, ceux qui consistent à imaginer différentes utilisations d'objets familiers comme un élastique ou une bouteille de lait, ou à créer des images à partir de lignes géométriques. Sans doute ces exercices semblent-ils banals, mais tout ce qui est susceptible de faire travailler votre cerveau d'une manière différente et nouvelle ne peut qu'avoir un effet globalement bénéfique et qu'activer vos « cellules grises ».

Il y a bien d'autres exercices que vous pouvez pratiquer. Essayez, par exemple, de rédiger des modes d'emploi pour différentes tâches du quotidien : comment, par exemple, faire cuire un œuf ? Vous seriez surpris de voir tout ce qu'il faut écrire pour enregistrer chaque détail de ce processus. L'effort peut sembler de peu d'intérêt, mais, encore une fois, vous mettez ainsi votre esprit au travail d'une manière nouvelle ou différente, de même qu'en pratiquant un exercice physique différent vous étirez des muscles dont vous ignoriez même l'existence auparavant.

En plus des tests proposés au chapitre 3, il existe beaucoup d'autres moyens d'améliorer votre mémoire. Pour qu'elle puisse fonctionner efficacement, il est essentiel, par exemple, d'accorder à votre cerveau suffisamment de sommeil et de repos. Quant à la consommation d'alcool, c'est l'une des principales causes de perte de mémoire : l'alcool interfère tout particulièrement avec la mémoire à court terme, ce qui empêche de retenir de nouvelles informations.

Les études ont aussi montré que le tabac réduit la quantité d'oxygène qui parvient au cerveau, ce qui a un effet préjudiciable à l'efficacité de la mémoire et accroît les risques d'attaque et autres maladies cérébrales. Des recherches récentes sur des fumeurs âgés européens ont révélé qu'ils perdaient leurs capacité à penser, à percevoir et à se souvenir plus tôt que les non-fumeurs, ou même que les personnes qui ont arrêté de fumer.

Ces dernières années, nous avons eu la chance d'élargir sensiblement notre compréhension du fonctionnement du cerveau humain et de sa complexité, et nous devrions être capables de mettre à profit cette nouvelle connaissance. En exploitant continuellement l'énorme potentiel de notre bien le plus précieux, nous avons le pouvoir d'augmenter et de maximiser notre intelligence, quels que soient notre âge ou notre mode de vie. Nous avons la capacité, au-delà de nous protéger de la neurodégénérescence, de développer des connexions plus nombreuses et plus fortes entre nos cellules nerveuses. Il en résultera pour nous une amélioration non seulement de notre bien-être mental, mais aussi de notre bien-être physique.